FRANK FRANKEN

GEHEIMAKTE

COVID-19

Wie ein Virus unsere Gesellschaft verändert
Die Verschwörungstheorie

Autor: Frank Franken

1.Auflage, Dezember 2020

ISBN 978-3-347-18967-6 (Paperback)
ISBN 978-3-347-18968-3 (Hardcover)
ISBN 978-3-347-18969-0 (e-Book)

Verlag & Druck:
tredition GmbH, Halenreie 40-44, 22359 Hamburg

Umschlaggestaltung: Frank Franken,
Umschlagbild: Frank Franken

Alle Abbildungen stammen mit Ausnahme einiger Computergraphiken von dem Autor.

Die in diesem Buch verwendeten Personenbezeichnungen schließen ausdrücklich alle Geschlechtsidentitäten ein. Der Einfachheit halber wurde hier die maskuline Form gewählt.

Die in diesem Buch aufgeführten Internetverweise dienen als Quellenangabe, sowie als weitere Empfehlung zur Selbstinformation. Auf Inhalt und Gestaltung der Internetseiten hat der Autor jedoch keinen Einfluss und distanziert sich ausdrücklich von rechtswidrigen oder jugendgefährdenden Inhalten.

Zum großen Bedauern des Autors wurden einige Links und Webseiten und YouTube-Videos im Internet, welche brisante Beweise zu berechtigter Kritik an der Bundespolitik und des Robert-Koch-Institutes lieferten, wieder gelöscht.

„Wo Ungerechtigkeit und Unterdrückung wächst, ist Protest und Widerstand eine Bürgerpflicht!" (Frank Franken)

„Ihr werdet die Wahrheit erkennen; und die Wahrheit wird euch zur Freiheit führen." (Joh. 8:32)

„Ein Unverständiger glaubt noch alles; aber ein Kluger gibt acht auf seinen Gang." (Spr. 14,15)

Inhaltsverzeichnis

Vorwort

Es wäre wünschenswert, wenn Menschen, die die Zeit nutzen um die so genannten „Verschwörungstheoretiker" zu denunzieren und auszulachen, die Hälfte dieser Zeit dazu verwenden würden, um sich selbstkritisch mit der Materie auseinander zu setzen, statt einfach nur bestrebt zu sein, das eigene Weltbild zu verteidigen und fremde Weltbilder von vorneherein rigoros abzulehnen. Sicherlich ist es schwer Informationen zu bearbeiten, die das eigene Glaubenssystem erschüttern könnten.

Vor allem geht es nicht darum wer Recht hat oder nicht. Es bahnt sich leider sehr vieles an oder ist bereits umgesetzt worden, wovor vor Jahrzehnten Politiker und „Vereine für die Demokratie" gewarnt hatten. Und damals wurden diese belächelt und die Kritiker als Idioten oder „Psychos" beschimpft.

Es gibt in unserer Gesellschaft viele weltfremde Menschen, Tatsachenleugner und absolute Spinner. Diese kann man auch als „Welt-Realitäts-Verweigerer" (reale Verschwörungstheoretiker) bezeichnen. Problematisch wird es, wenn sich gerechtfertigte Kritiker und sorgenvolle Demokraten zu Wort melden und dann sehr schnell in die gleiche Schublade der oben Erwähnten geworfen werden.

Jede erdenkliche Theorie sollte, einfach als Gedankenexperiment gesehen, durchleuchtet werden. Wenn dort auch nur ein logischer Funken des Verstandes „Ja, so könnte es sein!" aufkommt, sollte weiter darüber nachgedacht werden. Auch wenn es sich noch so verrückt anhört. Aber was ist „Verrückt"? Das Wort selbst sagt es doch schon: **ver**-rückt. Man positioniert sich anders als alle anderen und sieht dementsprechend die Dinge aus einem anderen Blickwinkel. Es ist wie eine gleich ausgerichtete Stuhlreihe und nur der eigene Stuhl steht anders. Er ist *ver*-rückt.

Was man davon dann zu seiner Wahrheit macht, ist das, was jeder für wahr empfindet. Wie häufig hat das Bauchgefühl einen nicht im Stich gelassen? Argwohn gab es immer und wird es immer wieder geben.

Welche Weltanschauungen sind richtig, welche sind falsch? Hat ein jeder diese dargestellten Fakten persönlich überprüft? An was machen wir unser Wissen überhaupt fest? Wie viel von dem uns vorgegebenen Wissen oder von dem was wir zu wissen glauben, haben wir bereits übernommen? Welche Quellen nutzen wir, die wir als vertrauenswürdig erachten, um unser Weltbild/Glaubenssystem zu definieren, zu erhalten und zu verteidigen? Wieviel dieses Wissens oder Meinungen, Informationen anderer übernehmen wir blind, weil dies uns die Medien, die Regierung, Respektspersonen, usw. vermitteln?

Wer nicht der erwünschten Meinung ist, wird gesellschaftlich mundtot gemacht oder der Lächerlichkeit preisgegeben. Bei Publikationen kommt die Zensur durch Beitrags- und Videolöschung (Beispiele: Facebook, YouTube).

Sollte es nicht eine Welt geben, in der jeder seine Meinung frei äußern kann, egal wie abstrus diese sein mag, damit jeder Mensch aus einer Fülle von Informationen die für sich eigene Wahrheit finden kann? Ist so eine Diversität gefährlich? Ja, aber nur für die 2% der Menschen (Eliten), die die anderen 98% kontrollieren wollen. Aber Zensur ist die Entmündigung der bürgerlichen Meinung. Dies bedeutet, dass man die Menschen für so dumm hält, dass sie grundsätzlich auf „gefährliche Falschinformationen" hereinfallen. Aber das „System" rühmt sich doch, durch Schulbildung, umfassendes Wissen und kritisches Denken den sog. „sensiblen Geist" mit seiner selbstkritischen Denke bei den Menschen hervorgebracht zu haben. Die PISA-Studie zeigt natürlich etwas anderes. Was ist dann so gefährlich an anderen Gedankengängen oder Informationen aus anderen Perspektiven? Warum darf niemand selbst darüber entscheiden, was abstrus ist und was nicht?

In diesem Buch wird auch über eine zu erwartende (Zwangs)-Impfung geschrieben. Zukünftig soll es nicht mehr möglich sein, ohne entsprechenden Impfpass zu reisen oder gar zu arbeiten. Natürlich nur zum Zwecke des Eigenschutzes und (Ironie an) am besten gleich eine Chip-Implantation, denn den Plastikpass könnte man ja verlieren (Ironie aus).

Sollte es nicht eine Welt mit Recht auf die körperliche Unversehrtheit geben? Jeder sollte selbst darüber bestimmen dürfen, was er mit seinem Körper macht oder nicht macht.

Und die, die sich unbedingt impfen lassen wollen, weil sie ja auch jedes Jahr zu der Grippeimpfung gehen? Sollen sie doch. Es hindert sie niemand! Bitteschön. Was aber haben die Geimpften bitte von den Ungeimpften zu befürchten, wenn sie immunisiert wurden und Infektionen ihnen nichts anhaben können – außer vielleicht einen leichten Schnupfen?

Hinzu kommt das Wettbewerbsrennen der Pharmaindustrie weltweit. Wer zuerst den Impfstoff als heiligen Gral herstellt hat das Milliardengeschäft in der Tasche. Es geht nicht mehr um den gesunden Menschenverstand, wer den besten und langfristigsten Impfstoff entwickelt, sondern wer einen Impfstoff zuerst auf den Markt bringt.

Nun, nicht nur der Schutz der menschlichen Unversehrtheit wird mit Füßen getreten. Schauen wir uns die geplante Bargeldabschaffung an. So soll bereits die Umstellung zum digitalen Euro in 2021 erfolgen. Ist dies bereits der Vorläufer der Bargeldabschaffung? Wir fassen täglich unzählige Türklinken in der Öffentlichkeit an und bei dem Bargeld könnten wir uns ein Virus einfangen? Natürlich wurde bereits vor Corona bewiesen, dass Viren bis zu 17 Tagen auf Geldscheinen aktiv sein können. Na und? Wie oft fassen sich Menschen in ihr Gesicht und haben vorher alle möglichen Stellen im öffentlichen Raum angefasst? Da ist das Bargeld doch der kleinste Kontaktvermittler im Alltag. Aber Corona macht es möglich!

Im Supermarkt hängen Schilder mit dem Hinweis, man solle nach Möglichkeit mit Karte bezahlen und Rentner erwerben ihre drei Brötchen elektronisch - Cashless Society. Nur, wie bezahlen wir unsere Ware bei Stromausfall oder bei Problemen mit den Karten-Terminals? Nichts geht mehr. Aber es ist doch perfekt. Je größer die Digitalisierung, desto größer die Überwachungsmöglichkeit und umso größer der Fremdeingriff in das eigene private Leben durch den Staat. Und schon können Systemkritiker ganz bequem, quasi „automatisch", ruhig gestellt werden. Sehr praktisch. Außerdem ist es jederzeit möglich, bei Kartenzahlungen die Bewegungsdaten abzugreifen und in Erfahrung zu bringen, was gekauft wurde. Werbung folgt prompt in den Briefkasten oder auf das Smartphone. Dagegen ist das Payback-Marketing gelinde gesagt harmlos.

Aber wir sind doch schon sehr weit gekommen: Mit unserem Smartphone können wir geortet werden. Whatsapp, Facebook, Amazon hat unsere Profile. Die Smart-Watch liefert beim Joggen die Daten direkt an unser I-Phone/ an unseren PC und misst die Herzfrequenz. Die „Cloud" schützt unsere Daten und Bilder und gleichzeitig steht in den kleingedruckten AGB der Anbieter, dass sie berechtigt sind Bilder und Inhalte zu verwenden. Wer aber liest sich schon 8 Seiten an AGB durch, die evtl. in Arial 9 geschrieben sind? Dank des zukünftigen 5G mit breitem Datentransfer erstellen wir problemlos am intelligenten Kühlschrank unsere Inventarliste und bei Verbrauch liefert uns ein Service direkt die neuen Lebensmittel. Das Auto erhält ein intelligentes Fahrprogramm und schon wird der Fahrspaß von einem Computer übernommen. Wie gut, dass alles mit 5G zukünftig bestens vernetzt werden soll. Und der menschliche „Individual-Charakter"? Er bleibt auf der Strecke. Zukünftig werden wir auf Schritt und Tritt überwacht. Es kann jederzeit nachvollzogen werden, wo wir sind - und mit wem. Totaler Wegfall der Privatsphäre, der gläserne Mensch ohne jegliches Privatleben. Natürlich dient dies alles nur zu unserer Sicherheit. Und dank dem Pulsmesser in der Smartwatch wird wahrscheinlich auch registriert, wann man Sex hatte, wie lange - und mit der Adressliste im I-Phone (Ortungsapp) auch mit wem. Da kann mancher Fremdgeher nur hoffen, dass die zu Hause sitzende Person kein Hobby-Hacker ist und kein Schnüffelprogramm besitzt. Willkommen im emotionslosen Gleichschaltungssystem der Welt. Ach ja ... 5G wird bereits ausgerollt. Und es passt zeitlich sehr gut! 5G ermöglicht ganz hervorragend die technische Umsetzung von alledem. Blitzschnelles auslesen von Informationen, Überwachung der Bewegungsdaten in Echtzeit und Vernetzung sämtlicher Systeme, die in irgendeiner Form benutzt werden. Alles zu deiner Sicherheit. „Nein, Alexa, ich möchte nicht meine Top-Ten-Musik hören." Und: „Nein, lieber Computer, ich möchte jetzt nicht mit Hilfe von CORTANA und Anmeldung in meinem Google-Account eine Suchrecherche zum Thema XY starten. Vielen Dank!"

Ach ja, 5G ... es gibt da die Verschwörungstheorie, dass 5G-Strahlung die Körperzellen so schädigen würde, dass das Immunsystem geschwächt würde und wir deshalb an Corona erkrankt wären und der Körper sogar Coronaviren in uns herstellt. Dies ist der größte verbreitete Schwachsinn und gehört nicht nur in die Kategorie Fake News, sondern wieder zurück zu den realen, in der Psychiatrie sitzenden, Verschwörungstheoretikern.

Bestimmte Verschwörungsforen und deren unzählige dumme Verschwörungstheorien machen es denen schwer, die Gefahren für die Demokratie, für die soziale Gesellschaft und die Gefahr der persönlichen Einschränkung für jeden von uns faktisch aufdecken, da sie sehr schnell mit in den „Verschwörungstopf" geworfen werden.

Ich möchte mit diesem Buch zum Nachdenken, zur Eigenrecherche und zum Hinterfragen anregen. Ich wünschte ich hätte nicht, mit dem was ich in diesem Buch schreibe Recht. Schaue ich mir aber das Gesamtbild auf der Welt an, so sieht es doch nach schleichender Installation einer totalen Kontrolle für jeden von uns aus. Weltweit und fast synchron. Und demonstrieren und sich gegen diese einschneidenden Verletzungen des Persönlichkeitsrechts wehren? Dank Corona, mit Restriktionen im Versammlungsbereich, dem jederzeit ausrufen Könnens eines erneuten Lock-Downs und dem verschärften Infektionsschutzgesetz? Dies ist nicht möglich. Und sollte man, anstelle der Demonstrationen, über diverse Internet-Kanäle seine Meinung äußern? In einer Demonstration ist man Teil einer ausdrucksstarken Menschenmasse mit festem Thema, aber als Individuum geschützt. Zumindest nur solange bis die Polizeikamera einen erfasst und die Gesichtserkennung die Identität feststellt. Im Internet ist man jedoch sofort gläsern. Die IP-Adresse, die MAC-Adresse des Computers und die

Möglichkeit des Mitlesens und Mitaufzeichnens der geschriebenen Worte könnten einem, trotz Datenschutz, zum Verhängnis werden. Aber es gibt ja genügend Menschen, die dank Facebook und Instagram ihr Leben uploaden und nicht nur ihre engen Freunde, sondern der ganzen Welt ihr Leben offenbaren. Leider ist das menschliche Ego so gestrickt, dass wir uns an einer gut gebauten Selbstdarstellung herrlich erfreuen können. Das wertet, so denken wir zumindest, unser Selbstwertgefühl enorm auf. Doch was nutzt uns unsere Außendarstellung, wenn es an Authentizität fehlt? Aber dies ist ein anderes Thema.

Und was die Demonstrationen angeht: sofern man im Sinne des Mainstreams und der Regierung agiert dürfen viele tausende Menschen gegen „Rassismus" demonstrieren. Wenn aber für eine offene Demokratie und gegen das weiter bestehende Mundschutzverbot demonstriert wird, dann wird diese Demonstration vorzeitig wegen Verstoß gegen die „Hygieneregeln" beendet. Vielleicht lag es aber auch daran, dass, bei letzterer zwangsweise beendeter Demonstration im Juli 2020, zu viele Menschen in Berlin für Freiheit demonstrierten und dies der amtierenden Regierung nicht gepasst hat? - George Orwell rotiert derweil in seinem Grab, auch in G5-Highspeed.

Ich bin nicht die junge Schwedin, die sagte, dass wir in Panik geraten sollen, dass wir die Angst spüren sollen, die sie täglich spürt. Auch rufe ich nicht dazu auf so zu handeln, als würde mein Haus brennen. Ich will niemandem Angst machen, aber es ist wichtig, Themen anzusprechen, zu hinterfragen, anzuprangern und die Falschheit und Machenschaften von Politikern und von Lobbyisten hinter dem Vorhang aufzudecken. Warum? Weil, wer die Gefahr erkennt, weiß wo der Feind lauert und gezielt dagegen angehen kann. Und dies auch (noch) in einer Demokratie erfolgreich umsetzen kann!

Ich habe vielleicht ein Problem mit Vertrauen, wenn ich deutlich sage, dass ich keineswegs darauf vertraue, dass diejenigen, die diesen technokratischen Wahnsinn forcieren, mit meinen Daten sensibel umgehen und dies alles nur zu meinem Besten tun.

Und wer jetzt schon wieder von Verschwörungstheorie faselt ... die totale Überwachung, der „gläserne Mensch", ist nicht nur möglich, sondern wird bereits umgesetzt. Wollen wir dies wirklich weiter zulassen? Ja, ich habe Bedenken, dass es Individuen/Institutionen gibt, die unsere gespeicherten Daten nicht in unserem besten Interesse nutzen.

Und was kann man tun? Theoretisch einfach: nicht mitmachen! Der Haken an der Sache: es braucht viele, die das nicht mit sich machen lassen. Es geschieht, was das Kollektiv abnickt und nicht was der Einzelne möchte.

Und wer jetzt denkt, dass er an unserem System nicht rütteln kann, der sollte einfach mal die Geschichte über sozialen Wandel im Buch "The Hundredth Monkey" von Ken Keyes, Jr. nachlesen. Mag vielleicht esoterisch anmuten, vielleicht ist doch Wahres daran?

Was dies mit diesem Buch zu tun hat? Fragen Sie sich nicht auch: „Wieso ist das Corona-Virus ausgerechnet Ende 2019 aufgetaucht? Wieso geschehen gerade jetzt bestimmte Ereignisse, politische Entscheidungen und massive Einschränkungen in unserem Leben, die unter normalen Umständen von uns so nie akzeptiert worden wären? Warum gibt es aus den eigenen wissenschaftlichen Reihen so viel Gegenwind bei den Maßnahmen gegen Corona? Was steckt wirklich hinter dieser Pandemie? Was will man uns vorgaukeln, um was zu vertuschen? Was soll hinter unserem Rücken umgesetzt werden oder mit Hilfe des Druckmittels „Corona" zwangsumgesetzt werden? Das Motto ist einfach: bringe eine Gefahr, überzeuge die Menschen von der Gefahr durch (tödliche) Ergebnisse, verbreite Angst, Schrecken und Probleme. Liefere dann die Lösungen und sei der heilige Gralsbringer. Die Lösungen werden dankbar angenommen, man wird als Retter gefeiert und hat seine Ziele, ohne Druck und Anstrengung, erreicht. Die Gegner wurden durch Intrigen ins Abseits gestellt und die Hartnäckigen als Verschwörungstheoretiker geächtet. Geht es noch perfekter? Und sucht man einen Schuldigen oder den Verursacher der einem alles „eingebrockt" hat, dann ist es doch optimal wenn man mit dem Finger auf ein Virus, auf eine Naturkatastrophe oder auf Tiere zeigen kann. Somit ist man doch perfekt „aus dem Schneider".

I. Grundlegendes

1. Schein und Sein – Lug und Trug?

Schauen wir uns die sozialen, gesellschaftlichen und wirtschaftlichen Veränderungen durch das Corona-Virus an. Betrachten wir verschiedene Hintergründe, Ursachen und beleuchten diese Pandemie. Niemand fragt öffentlich, wie die Zusammensetzung der genetisch weitergebenden RNS (Ribonukleinsäure) dieses Virus aussieht. Auch fragt niemand, warum dieses Virus ausgerechnet in China und nicht in Afrika, USA, Canada, Deutschland oder Russland ausgebrochen ist, zumal bereits in den 70-iger Jahren das Corona-Virus auf deutschem Boden entdeckt wurde. Dieses Virus hätte sich überall auf der Welt ausbreiten können. Auch hinterfragt niemand, wieso das Virus seinen Ursprung ausgerechnet in Wuhan und beispielsweise nicht in Nanjing oder Changsha hatte. Kam das Virus doch eventuell aus dem seit 2017 gegründeten

Labor in dem virologische Forschungen betrieben wurden?

Was das Virus für Auswirkungen auf die Weltwirtschaft und die persönliche Freiheit hat erfahren wir täglich in unserem persönlichen Umfeld. Auch hier muss man sich unweigerlich die Frage stellen: war dieser Wirtschaftscrash und die Einschränkungen der persönlichen Freiheit bereits seit Jahren geplant? War diese Einschränkung der persönlichen Freiheit durch den „Lock Down" wirklich gerechtfertigt? Steckt vielleicht etwas mit viel Kalkül dahinter, was wir momentan noch nicht überschauen können?

Im Internet grassieren sehr viele Gerüchte und Fake News über das Corona-Virus und seine Auswirkungen. Es gibt Verschwörungstheorien und Anschuldigungen. Primär sieht vieles davon nach Fake News aus. Hinterfragt man jedoch diese und recherchiert auf eigene Faust so kommt durchaus der unwohle Gedanke auf, dass diese Thesen sehr wohl einen Wahrheitsgehalt haben der einem eine „Gänsehaut" verleiht. – Und bisher beinhaltete eine „Gerüchteküche" eigentlich immer einen Anteil von Wahrheit.

Es gibt hierzu einen guten Spruch: „Wann immer eine große Geschichte in den Medien ist, suche die Geschichte von der sie dich ablenken wollen!" Und dies ist bei „Covid-19" der Fall!

Hinzu kommen noch die nachweisbaren Geheimlogen, die Macht der katholischen Kirche auf unsere Gesellschaft - und dies seit über vielen Jahrhunderten. Ob Freimaurer, Illuminaten, Templer, Eliten, „Black Hats", „White Hats" oder „weißer" und „schwarzer" Papst (siehe Bücher über die Jesuiten und über die katholische Kirche). Sie alle wirken im Weltgeschehen mit und wollen eine neue Weltordnung. Teils arbeiten sie zusammen, teils sehen sie sich als zu bekämpfende Gegner. Eines haben sie aber alle gemeinsam: die Freiheit und Demokratie, sowie die Mündigkeit des Menschen als Individuum auf ein Minimum zu reduzieren. Eine Masse ist einfacher zu lenken und zu beherrschen, wenn man die Menschen entmündigt, überwacht und im Sinne der eigenen Interessen beschäftigt. Und sollten Menschen diese Manipulation erkennen, so erhalten sie ein Streufeuer an Informationen mit denen sie wieder beschäftigt werden, um von den wahren Zielen der Eliten abzulenken.

Was gibt es besseres, wenn ein Dieb aus dem Geschäft flieht, dabei auf eine andere Person zeigt und ruft: „Haltet den Dieb!" Ablenkungen und Beschäftigungsstrategien von weniger relevanten Dingen waren schon immer ein Mittel, um die wahren Weichen zum Ziel zu stellen. Dies funktionierte in der Vergangenheit, funktioniert heute und wird auch in der Zukunft funktionieren. Es sei denn, der Mensch wacht endlich auf und lässt sich nicht mehr manipulieren. Dafür muss er aber erst einmal lernen, wie er eine gute Manipulation erkennt und nicht wie treue Schafe dem Schäfer folgen, wohl wissend, dass, wenn man es nicht macht, der Schäferhund einen wieder in die gewollte Richtung drängt. Der erste Schritt zur Erkenntnis ist dabei das Hinterfragen der aktuellen Geschehnisse. Wenn wir ein Auto kaufen, dann fragen wir einem Verkäufer quasi Löcher in den Bauch: „Hat das Auto Klimaautomatik? Gibt es eine Rückfahrkamera? PDC?", usw. In unserem alltäglichen Leben jedoch nehmen wir vieles als selbstverständlich hin und sind „fremdhörig". Eine Lüge wird immer und immer wieder erneut glaubhaft erzählt bis, nach einer gewissen Zeit, daraus eine Wahrheit geworden ist. Dies alles erkennen bedauerlicherweise nur sehr wenige Menschen. Diese werden durch Denunzierung („Alu-Hut auf", „Verschwörungstheoretiker", usw.) als unglaubwürdig herabgestuft.

Und wer nachhaltig und penetrant trotzdem weitermacht wird in der Gesellschaft demontiert. Dies geschieht sogar bis zum Existenzverlust.

Es ist immer das gleiche Spiel. Erst belächeln sie die Opposition, dann verhöhnen sie die Opposition und wenn dies alles nichts hilft bekämpfen sie die Opposition bis zur Ausgrenzung in der Gesellschaft. Warum? Weil andere Meinungen oder der Widerstand gegen Veränderungen für sie zu gefährlich ist. Einen wirklichen Diskurs führen sie nie. Schließlich könnte die Bevölkerung, durch eine eigene Meinung und eine eigene Einstellung zur Sache, den Weg der Eliten durchkreuzen oder sogar zunichtemachen. Dies soll auf jeden Fall verhindert werden. Doch wer ist mit „sie" und „Eliten" gemeint? Nun, es gibt auf der Welt ca. 300 hochrangige Familien. Sie sind miteinander vernetzt und steuern das Weltgeschehen im Hintergrund. Man nennt sie nicht nur „die Elite(n)", sondern häufig auch „den Adel". Sie bilden in den jeweiligen Staaten dieser Welt den so genannten „Deep State". Dieser Begriff „Deep State" (Tiefer Staat) bezeichnet nicht nur eine Verflechtung der politischen, wirtschaftlichen und militärischen Kräfte innerhalb eines Staates. Er ist vielmehr ein weltweit verzweigtes aktives Verbindungsnetz aus einflussreichen Menschen, welche in die Politik und in das gesellschaftliche Leben massiv eingreifen. Sie agieren hinter dem Vorhang und bestimmen den Mainstream. Eigentlich müsste man bei genauerem Hinsehen eher von einem „Deep State of World („Tiefer Weltstaat") sprechen. Geführt und kontrolliert wird er von Menschen, die versuchen, völlig unbekannt zu bleiben. Dabei gilt es politische, juristische und wirtschaftliche Vorgänge und Entscheidungen zum Vorteil dieser Minderheit zu gestalten. Dabei werden auch Kriege zur Durchsetzung der eigenen Ziele genutzt (siehe Irak, Libyen und zuletzt Syrien).

Das Weltgeschehen wird jedenfalls nicht von den Politikern gesteuert. Sie sind lediglich die Erfüllungsgehilfen in diesem sehr komplexen System. Manche führenden Politiker haben, aufgrund der ihnen aufgebürdeten Anweisungen, dermaßen viel psychische Last zu tragen, dass sie beim Abspielen der Nationalhymne ihres Landes sogar Zitteranfälle bekommen.

Das System ist für den normalen Bürger so perfektioniert und vernetzt, dass ihm nicht bewusst wird, dass er nur der Erfüllungsgehilfe von etwas viel Größerem ist. Wie soll er auch, schließlich wird ihm sogar eine Entscheidungsfreiheit suggeriert. Diese ist so gestaltet, dass man die wahre Lenkung nicht bemerkt.

Ein einfaches Beispiel hierfür sei die Bestellung in einem Café. Der Kellner fragt Sie, ob Sie Kuchen mögen und bietet Ihnen im gleichen Satz Alternativen (Kirschtorte, Käsesahnetorte, Apfelstrudel und Zitronenkuchen) an. Kämen Sie auf die Idee und würden dann ein Stück Erdbeertorte bestellen auf das Sie gerade Appetit haben? Oder bestellen Sie wirklich nichts, sondern trinken nur etwas? Und dann wäre wieder die Frage: welches Getränk wurde Ihnen angeboten? Die Strategie geht in diesem Beispiel auf. Man wollte, dass Sie ein Stück Kuchen essen oder etwas trinken. Natürlich können Sie jetzt sagen, dass Sie niemand gezwungen hat ein Stück Kuchen zu essen und, dass Sie freiwillig in das Café gegangen seien und sowieso vorhatten einen Kaffee oder eine Cola zu trinken. Natürlich, denn das ist doch der Trick an der Sache. Manipulation endet erst dort, wo man sie bewusst wahrnimmt.

Außerdem werden gerne Probleme geschaffen, die Sie nicht lösen können. Auch wenn Sie noch so sehr wollten. Die Lösung wird Ihnen später direkt von Strohmännern des Problemverursachers präsentiert. Und anschließend

wird der Verursacher sogar noch als „Heilsbringer" gefeiert. Stimmt nicht? Dann schauen wir doch einfach in
die Umfragewerte bestimmter Parteien. Haben diese
nicht unter den Einschränkungen in 2020 zugenommen.
Die Fehlentscheidungen der Regierung werden von der
Bevölkerung mit Zuspruch goutiert. Oder sollten etwa
die Staatsmedien hier Fake News verbreiten?

Dabei fällt mir ein Witz ein, den ich vor kurzem erst gehört habe: Woran erkennt man, dass ein Journalist des
Staatsfernsehens, bei der Berichterstattung im Fernse-
hen, nicht unbedingt die Wahrheit sagt? Na, beim Sprechen bewegen sich die Lippen.

Die, die das „reale Spiel" längst durchschaut haben sind
bereits mehr als Mund tot und wagen sich nicht aus ihrer
Versenkung herauszukommen, wohl wissend, dass es
ihnen dann an den Kragen geht. Nicht von Seiten des
Strohmanns oder des „Heilbringers", sondern von den
eigenen Mitmenschen. Die Kritiker werden als undank-
bar, Verschwörungstheoretiker oder sogar als „Nazis"
bezeichnet. Letzteres ist in unserer Gesellschaft ein Un-
wort und wird als Druckmittel verwendet, um anders
Denkenden den Mund zu verbieten und diese zusätzlich
zu denunzieren. Diese „Du-bist-ein-Nazi"-Kultur funktioniert seit über 70 Jahren erfolgreich. Schließlich wird
uns dies durch die „Geschichtsaufarbeitung" unserer
Politiker, Sozialverbände und NGOs jedes Jahr frisch
aufgebrüht. Warum also jetzt damit aufhören?

Und was ist mit der Medienlandschaft, dem öffentlich
rechtlichen Rundfunk? Gibt es eine Medienmanipulation
des deutschen Staatsfernsehens?

Nun, Parteien haben eigene Verlage und publizieren.
Man denkt es seien wissenschaftliche Berichte oder In-

formationen in Fachzeitschriften, aber es ist nichts anderes als manipulative Parteienpropaganda.

Die sozialen Netzwerke werden von bezahlten Personen unterwandert, die jede andere Meinung oder die Veröffentlichung von Fakten als Verschwörungstheorie denunzieren. Dies geht sogar so weit, dass die Autoren in der Öffentlichkeit mit Shitstorm belegt werden. Können sie nicht Mundtot gemacht werden kommt es zur Löschung der Beiträge durch die Betreiber selbst. Diese wiederum wurden bereits sozialpolitisch weichgespült oder durch das Netz-Bereinigungsgesetz dazu gezwungen.

Auch werden anders Denkende, die öffentliche Protestpetitionen unterschreiben (Name, Vorname, auch Email werden meistens dabei angegeben) von bestimmten Vereinen und Verbänden herausrecherchiert. Dann tritt man mit den Unterschriebenen in Kontakt und fragt, warum sie dies getan haben, denn der Inhalt der Petition wäre doch ein Fake und ob sie auch zu diesen Verschwörungstheoretikern gehören würden. Das Ziel dabei ist die Verunsicherung und Einschüchterung. Wer angeschrieben wird soll sich einer Diskussion stellen. Dies ist vielen nicht nur lästig, sondern sie fühlen sich gestalked. Das wiederum führt zu psychologischem Rückzug und bei der nächsten Petition leistet man seine Unterschrift nicht mehr, weil man keine Lust hat wieder von irgendwelchen Vollpfosten belästigt zu werden. Das System hat sein Ziel damit erreicht.

Es muss an dieser Stelle aber auch fair eingeräumt werden, dass es natürlich Berichte von Personen gibt, die an den Haaren herbeigezogen sind. Solche Berichte fallen jedoch sehr schnell auf, machen es aber denen in ihrer Glaubwürdigkeit schwer, die versuchen die Wahrheit ans Licht zu bringen.

Durch solche „spinnerten Aktionen" entstehen dann, als Reaktion, Berichte in öffentlichen Medien in denen von steilen Thesen und erfundenen Tatsachen gesprochen wird. Videos und Texte zum Thema „Corona" werden untersucht und es ist dann festzustellen, dass die sogenannten Alternativmedien sich die Faktenlage zurechtgebogen haben. Dies gilt ganz besonders in stark verbreiteten Beiträgen zum Thema „Corona" in sozialen Netzwerken. Durch solche Gerüchte bzw. Verschwörungstheorien fällt es natürlich dem Interessierten schwer, die falschen von den wahren Informationen zu trennen. (Quelle: https://www.tagesschau.de/ investigativ/ndr-wdr/fake-news-corona-101.html, Deutschland, NDR, veröffentlicht am 11.04.2020, gefunden am: 01.10.2020)

An dieser Stelle muss aber auch eingeräumt werden, dass, von Seiten der Geheimdienste, absichtlich absurde Verschwörungstheorien in das Netz gestellt werden, um Staats- bzw. Systemkritiker, die sich über gesellschaftlich und politisch gefährdende Sachverhalte äußern, unglaubwürdig zu machen. Was gibt es besseres als Fake News zu verbreiten, um Kritikern zu unterstellen, sie gehörten ebenfalls zu den Verfassern von diesen Fake News und ihnen somit (sprichwörtlich) das Wort im Mund umzudrehen.

Auch auf Kommunikationsplattformen und in Internetforen sind Personen Mitglied, die für die Staatssicherheit arbeiten (inoffizieller Mitarbeiter). Deren Aufgabe ist es im Netz Systemkritiker zu finden, deren Posts lächerlich zu machen, harsche Antworten zu verfassen oder Szenarien aufzubauen, um die Betreffenden in die Rubrik „Verschwörungstheoretiker" zu katapultieren. Es wird davon ausgegangen, dass bundesweit ca. 9.500 Personen als Festangestellte für diese Sache im Einsatz sind. Zum Vergleich sei die Stasi aus der DDR-Zeit erwähnt, bei der 1989 ca. 91.000 hauptamtliche Mitarbeiter vorhanden waren. In der heutigen Zeit ist, dank moderner Cyber-Technologie, so ein personalstarker Überwachungsapparat nicht mehr notwendig.

Was aber sind die falschen und was sind die wahren Informationen? Wer legt fest, was „wahr" und was „falsch" ist? Wir bezahlen zwangsweise die GEZ-Gebühren, damit diese dann zur Meinungsbildung der öffentlich-rechtlichen Medien genutzt werden. Dies wäre nicht schlimm, wenn es objektive bzw. neutrale Berichterstattungen und Information gäbe. Dem ist aber nicht so. Grundsätzlich haben alle Rundfunkanstalten in Deutschland einen Staatsvertrag. Dies bedeutet, dass sie gleichgeschaltet sind und dafür zu sorgen haben, dass die Staatspropaganda funktioniert. Neben den stupiden Quiz-Sendungen und abgedrehten „Sozial"-Soaps, die man nur müde belächeln kann und eher der Unterhaltung von debilen Menschen dienen, jedoch sehr authentisch herüber kommen, wird durch Talk- und Informationssendungen eine Berieselungsanlage für die Menschen gestartet, die die Meinung in nur eine Richtung zu polarisieren haben. Dabei werden Kritiker oder Oppositionelle gerne als „Querdenker" oder „Widerständler" denunziert oder, wenn auch dies nicht einschüchternd wirkt, einfach aus der Medienlandschaft des öffentlich rechtlichen Fernsehens verband. Dies sieht man deutlich an verschiedenen Politikern und Journalisten, die zu Recht das System kritisieren und Diverses aufdecken.

Auch Eva Hermann wurde damals, wegen ihrer konservativen Meinung über Familie und Rolle der Mutter, in einer Talk-Show des öffentlich rechtlichen Fernsehens wegen ihrer Meinung verbal angegriffen und denunziert, worauf sie das Studio verließ. Wie die öffentlich-rechtlichen Medien funktionieren und uns täuschen hat Eva Herman in ihren Büchern „Die Wahrheit und ihr Preis" und „Das Medienkartell - Wie wir täglich getäuscht werden" sehr gut dargestellt. Man muss diese Bücher, sowie viele andere, wie „Wir töten die halbe Menschheit" von Eileen DeRolf und Jan van Helsing einfach nur lesen und nicht jeder „Meinungsvermittlung", Diffamierung und Pseudo-Besserwisserei von Journalisten der öffentlich-rechtlichen Rundfunkanstalten blind vertrauen. Der „freie und faire Journalismus" würde vor über 20 Jahren bereits abgeschafft. Nein, man muss sich hier seine eigene Meinung bilden - und zwar durch Eigenrecherche und Nutzung seiner kognitiven Fähigkeiten. Nachplappern und „Dauernicken" war gestern!

Übrigens, die Rundfunkgebühr wurde 1953, ein Relikt aus dem Nazi-Propaganda-Ministerium des Deutschen Reiches, eingeführt (Rundfunk Jahrbuch 1933, S. 166, Fazit: Die Rundfunkgesellschaften wurden zentralisiert und verstaatlicht. Der Rundfunk enthielt damit die Grundmuster des nationalsozialistischen Propagandaapparats und die Bürger mussten eine Nutzungsgebühr entrichten). Im Rahmen der Entnazifizierung (seit 1946) hätte diese Gebühr niemals wieder eingeführt werden dürfen und der Staat dürfte auch nicht in diese Medienlandschaft eingreifen. Letztendlich ist es eine versteckte Steuer für die Bevölkerung und ein bis heute noch existierender historischer Schandfleck aus der Hitler-Diktatur. Gehört so etwas nicht längst abgeschafft?

Aber kommen wir zu den Verschwörungstheorien rund um das Corona-Virus. Es gibt weltweit zwei Ausrichtungen von Meinungen über die Corona-Situation. Die eine Gruppe ist der festen Überzeugung, dass es eine weltweite Pandemie ist und notwendigerweise üble Einschneidungen in unseren Grundrechten notwendig seien, um sich gegenseitig vor Ansteckung und weltweitem Millionen-Tod zu schützen. Sie sehen die Veranstaltungsverbote, die reglementierten Einkäufe von Verbrauchsgütern, sowie das Tragen eines Mundschutzes als notwendig an. Sobald die Pandemie vorbei ist, so denken sie, wird alles wie vor der Corona-Krise sein. Diese Menschen sind auch der Auffassung, dass nur durch eine Impfung ein erneuter Wirtschafts- und Gesundheitsschaden auf der Welt verhindert werden kann. Sie sind folgsam, rufen Fachinformationen von staatlichen Stellen ab. Sie fragen, aber hinterfragen nicht. Alles was ihre „persönliche Weltordnung" bedrohen könnte wird abgelehnt und Kritiker werden aufgefordert den Mund zu halten. Sie haben Angst, dass es noch schlimmer werden könnte und vertrauen dem Staat und seinen Institutionen, in der Hoffnung, dass diese für sie alles zum Guten regeln werden, gemäß dem Motto „Vor der Krise ist nach der Krise!". Sie setzen ihre psychologischen Filter so, dass sie auch nur das sehen und erleben, was sie in ihrer Meinung bestätigt und festigt. Dies ist quasi eine naive Vogelstrauß-Technik: Kopf unten halten, Augen zu und durch.

Die andere Gruppe hat sicherlich auch Angst vor einer weiteren Verbreitung des Corona-Virus, ist jedoch sehr skeptisch was die Maßnahmen des Staates angeht. Sie hält die gesamten Maßnahmen für Überzogen. Diese dienen nur der Einschneidung der Freiheitsrechte und einen durch die Maßnahmen aufkommenden Ruin der Wirtschaft und den damit einhergehenden Existenzverlust vieler Millionen Menschen. Hier werden Aussagen von unabhängigen, kritischen Virologen und Infektiologen herangezogen, um aufzuzeigen, dass diese aggressiven Verordnungen und grundlegenden Einschneidungen in die Menschen- und Grundrechte unverhältnismäßig sind. So werden Aussagen von Prof. Dr. Sucharit Bhakdi (Experte für Pandemie), oder von Dr. Wodarg (WHO Seuchenexperte) hinzugezogen, um dies aufzuzeigen.

Die Skeptikergruppe ist auch der Auffassung, dass das Corona-Virus in Wuhan nicht zufällig ausbrach, sondern die Weltwirtschaft mit seiner Finanzblase zum Einsturz bringen sollte. Das völlig marode Wirtschaftssystem wird niedergerissen und durch ein neues Werte-, Handel- und Finanzsystem („The Global Reset") ersetzt. In der Zwischenzeit sorgt jeder Staat mit seinen Hilfspaketen dafür, dass dieser Wirtschaftsreset nicht zum vollständigen Existenzverlust von Mensch und Unternehmen führt.

Egal welche der beiden Gruppen letztendlich Recht hat oder ob andere Meinungsgruppen auftreten, die Infektionsangst brachte die Menschen dazu sich freiwillig in ihre Wohnung „einsperren" zu lassen und ihre Arbeit im „Home Office" fortzusetzen. Niemand leistete vor Angst Widerstand, niemand ging sofort auf die Straße und protestierte gegen die neuen Ordnungsmaßnahmen.

Die Informationen im Staatsfernsehen wurden ernst genommen und die Menschen in ganz Europa deckten sich mit Lebensmitteln und Verbrauchsgütern bis über beide Ohren ein, obwohl dies bei der gut funktionierenden Versorgung nicht notwendig gewesen wäre. Die Regale in den Geschäften wurden wegen der hirnlosen Hamsterkäufe leer und nicht weil es plötzlich Lieferengpässe gab. Die gab es nach den Hamsterkäufen, wegen der Hamsterkäufe.

Die Franzosen kauften Wein und Kondome, die Deutschen kauften Toilettenpapier und Nudeln. Wobei das Toilettenpapier bei den Deutschen wohl der Kaufschlager Nr.1 wurde. Mit guter Ironie und Sarkasmus könnte man hier philosophieren, dass die Franzosen in so einer Situation keine weiteren Kinder in die Welt setzen wollten und die Pandemie, wenn sie einen dahinrafft, lieber im Suff ertragen wollten. Die Deutschen signalisierten mit dem Toilettenpapier, dass sie sich vor Angst in die Hosen machten. Aber lassen wir den Sarkasmus hinter uns und kommen zurück zu unseren Gruppen.

Die Skeptikergruppe ist, wie bereits erwähnt, fest davon überzeugt, dass ein gesamtes Sozial- und Finanzsystem geändert werden soll.

Hierzu gibt es immer zwei Möglichkeiten: von Seiten des Volkes läuft dies als Revolution von unten nach oben ab. Als Beispiele hierfür sei die Französische Revolution oder der Aufstand gegen den russischen Zaren genannt.

In manchen Zeiten kamen die Änderungen aber von oben. Wenn Herrscher durch andere Herrscher unerwartet abgesetzt wurden - meistens Absetzungen, die mit dem Leben des vorherigen Herrschers nicht vereinbar waren und dadurch, quasi über Nacht, eine neue Staatsreform entstand.

Als Beispiel für die Veränderung von „Oben" sei Deutschland aufgeführt. Erst kam Hitler durch Putsch an die Macht, dann nach Kriegsende bestimmten die Alliierten über Deutschland und noch nicht einmal 2 Monate später wurde Deutschland in einen kapitalistischen Westen und in einen sozialistisch-kommunistischen Osten aufgeteilt. Die Menschen in Deutschland, teilweise aus den alten Ländern (Posen, Pommern, Schlesien, Preußen) vertrieben, wurden vor neue vollendete Tatsachen gestellt. Am 11.02.1945 wurde auf der Konferenz von Jalta eine neue Weltordnung durch die vier Siegermächte beschlossen. Die Deutschen durften als Zaungäste dabei sein.

Und unter diesen Aspekten der Vergangenheit haben viele Menschen Angst, dass sie plötzlich auf ein neues Deutschland stoßen oder wieder in eine neue Form des Daseins (Neo-SED-Staat) gepresst werden. Verständlich, oder?

Hinzu kommt die Existenzangst vieler Menschen. Gaststätten, Kinos, Fitness-Studios wurden in 2020 geschlossen. Straßen in den Städten und Autobahnen waren gespenstisch leer. Danach folgten Lockerungen. Geht aber der Weg zur Normalität voran? Und wenn er vorangeht, zu welcher „Normalität" führt er uns? Bei aktueller Sachlage nicht zu der alten Normalität.

Viele Menschen haben Kurzarbeit oder verloren ihren Arbeitsplatz. Gerade kleine mittelständische Betriebe oder Unternehmen in der Gastronomie mussten sich von ihren Mitarbeitern trennen. Bei vielen Menschen gibt der Geldautomat, selbst bei korrekter PIN-Eingabe, kein Geld mehr heraus.

Es kamen weitere Existenzängste auf, Depressionen machten sich breit und die Suizidrate stieg.

Schulden können momentan nicht bezahlt werden und weitere mittelständische Unternehmen melden Insolvenz an. Da hilft das Sofortpaket „Kampf gegen Corona" nur bedingt. Mit der heißen Nadel gestrickt, musste es mehrfach überarbeitet werden, damit die Milliarden an Euro nicht in der Grauzone verpufften. Die Bundesregierung hatte es dann doch geschafft und rühmt sich das größte, kraftvollste und zielgerichtete Finanzhilfepaket geschaffen zu haben, welches jemals auf den Weg gebracht wurde. Der Umfang der haushaltswirksamen Maßnahmen für die Bevölkerung beträgt insgesamt 353,3 Milliarden Euro und der Umfang der Garantien insgesamt 819,7 Milliarden Euro. Neben der Verwendung der bereits eingenommenen Steuergelder nahm der Bund neue Kredite in Höhe von rund 156 Milliarden Euro auf. Klingt doch viel versprechend, ist jedoch nur ein Tropfen auf den heißen Stein, schaut man sich die nächsten 3 Jahre an.

Walter um die Ecke, seit Jahren Hartz IV-Bezieher, ewig auf der Suche nach Arbeit, kann sich darauf nur einen fiedeln. Für ihn ist es eh zu spät und von diesem Programm profitiert er nicht. Er ist arbeitslos, bleibt arbeitslos, bekommt sein Hartz IV und Geld für Umschulungen war bisher nicht da - und wird es auch nicht unter dem Corona-Rettungsschirm geben.

Und nach Corona ist erst recht kein Geld vorhanden, um die soziale Infrastruktur in diesem Bereich aufzubessern, weil Steuergelder fehlen. Aber für die soziale Absicherung hat der Bund doch 7,5 Milliarden Euro zur Verfügung gestellt? Hier soll ein erleichterter Zugang zur Grundsicherung geschaffen werden, oder? Gilt jedoch nur für die Betreffenden 6 Monate, aber dafür ist der Verbleib in der eigenen Wohnung gesichert. Ups, gilt nicht für unseren fiedelnden Walter - leider nur für Selbständige. Und wer jetzt denkt, dass auch die Selbständigen jubeln, der irrt. Als Selbständiger bekommt man das Geld nicht geschenkt, sondern nur ein zinsfreies Darlehen in Höhe von 35% gemessen an dem Gesamteinkommen des vorherigen Jahres. Würde es Ihnen helfen, wenn Sie kein Geld verdienen und man ihnen 35% des von Ihnen gewohnten Gehalts überweist - natürlich mit dem Hinweis, dass sie das Geld in den Folgejahren zurückzuzahlen haben? Ist das nicht ein „tolles" Finanzpaket?

Für Nordrhein-Westfalen (z.B.) bedeutet dieses Paket jedenfalls eine zukünftig erzwungene Einsparung im Landeshaushalt von jährlich 700 Mio. Euro - und zwar die nächsten 10 Jahre! Schließlich muss das Geld ja wieder von irgendwo zurückfließen.

Der Bund schenkt niemandem etwas, sondern nimmt die Länder in die Pflicht. Und Steuereinnahmen werden die nächsten drei Jahre nicht berauschend sein, denn die Wirtschaft muss sich jetzt erst erholen. Folglich geht der „Return on Invest" nur über Einsparungen. Dies wird den Bildungssektor (die bereits maroden Schulen, das bereits spärlich anwesende Lehrpersonal) und die bereits schlechte Instandhaltung der Infrastruktur (Straßen, Parks, Beleuchtungen, Abwassersysteme) treffen.

Aber man muss sich nicht sorgen, denn der Ost-Soli ist bereits, zumindest so gut wie, abgeschafft. Dafür kommt der Covid-Soli umso schneller. Und dann sind auch die Milliarden an Ausgaben für die Flüchtlingspolitik vergessen. Diese Rücklagen hätten jetzt helfen können. Schade, die sind leider futsch, denn das Geld hat die Asylindustrie erhalten (siehe Buch: „Die Asylindustrie", Kopp-Verlag).

Trotzdem werden wir die nächsten Jahre zittern müssen, denn kleine und mittelständische Unternehmen gehen durch die langen Sperrungen Bankrott. Sie haben Monate ohne Einkünfte, aber mit weiter laufenden Ausgaben. Das steht niemand lange durch, selbst mit Rücklagen nicht. Die Arbeitslosenzahlen werden weiter steigen und damit die Sozialausgaben und die Steuereinnahmen sinken. Natürlich resultiert daraus wieder ein zurückhaltendes Konsumverhalten, welches wiederum zu Umsatzeinbußen bei den Unternehmen führen wird.   Schon jetzt sehen sich viele nicht mehr in der Lage ihre Schulden zu bezahlen. Auch im Sportbereich, hier sei der Reitsport als Beispiel erwähnt, kommt es zu Einschnitten. Das eigene Pferd kann mit der hohen Boxenmiete oftmals nicht mehr gehalten werden, weil der Besitzer geringere Einnahmen hat. Da auch Rücklagen für die Anschaffung eines Pferdes für den täglichen Unterhalt genutzt werden, haben auch Züchter Probleme ihre Jungpferde zu verkaufen.

Eine drohende Abwärtsspirale erwartet uns, wenn dies nicht durch staatliches Eingreifen gestoppt wird. Die Frage dabei ist nur, welcher Weg zukünftig eingeschlagen wird und ob es für die Bevölkerung der richtige Weg ist. Gibt es überhaupt einen falschen oder richtigen Weg? Wer definiert das?

Kommen wir wieder zu unseren beiden Meinungsgruppen zurück. Die zweifelnde Gruppe ist sehr skeptisch, denn sie will keine absolute Fremdbestimmung. Diese Menschen muss man verstehen, schaut man nach China. Dort gibt es in einigen Städten bereits eingeführte „Sozial-Belohnungspunkte" für die gehorsamen und folgsamen Menschen und „Sozial-Bestrafungspunkte" für die Widerspenstigen. Wer nicht wie vorgeschrieben funktioniert, erfährt die Macht des Systems. Dies ist erst durch den „Digitalkommunismus", der einen hervorragenden Überwachungsstaat aufgebaut hat, möglich geworden. Nur die wenigsten Chinesen, und wenn dann nur unter Angst, äußern vor ausländischen Gästen was sie wirklich über ihr Land denken.

Letztendlich hoffen Millionen von Menschen weltweit, dass ein völlig neuer Ansatz gefunden wird, um ein neues Wirtschafts-, Finanz- und Sozial-System zu implementieren, welches die Fehler des alten Systems nie mehr wiederholt. Ein System, das nicht auf FIAT-Geld aufgebaut ist, welches die Zentralbanken einfach per Knopfdruck erschaffen können.

Jeder Mensch haftet bei FIAT-Geld gegenüber dem Staat bzw. seiner Bank mit seinem Privatvermögen. Bei einem Wirtschaftscrash sind lediglich maximal 100.000 EUR bei seiner Bank abgesichert. Dies gilt nicht für Hypotheken oder Darlehen. Diese wären dann sofort fällig zu stellen. Da dies in den meisten Fällen mangels Liquidität nicht funktioniert, wird das Darlehen von diesen 100.000 EUR, falls diese überhaupt vorhanden sind, direkt abgezogen. Und wenn Hypotheken fällig gestellt werden und das Darlehen nicht getilgt wurde, dann gehört die Immobilie der Bank. Durch den Grundbucheintrag an erster Stelle hat die Bank sowieso die Hand darauf.

Jedenfalls wünschen sich viele Menschen ein Gold gedecktes Finanz- und Wirtschaftssystem von dem alle Menschen profitieren und Banken in dieser Welt keine Chance mehr auf Wirtschaftszockerei bekommen.

Banken verdienen an der Börse mit Arbitrage-Geschäften Millionen. (Definition von Arbitrage: Arbitrage ist der Handel, mit Nutzung von Kurs-, Zins- oder Preisunterschieden, zum selben Zeitpunkt an verschiedenen Börsenorten zum Zwecke der Gewinnmitnahme).Wessen Geld wird für diesen Börsenhandel genommen? Genau, das Kundengeld. Aber für eine Einlage erhält man 0,5% Zinsen pro Jahr. Und wenn man sein Geld für viele Jahre fest anlegt, dann erhält man sogar bis zu 2% per anno. Wow! Durch Börsenhandel hat die Bank in einem Jahr dieses Geld locker verdreifacht.

Was war noch einmal mit der ersten Gruppe? Nun, die sind folgsam, tun was man ihnen sagt und warten geduldig bis es wieder wie vorher wird. Und weil sie dem Establishment vertrauen regen sie sich kopfschüttelnd über die zweite Gruppe auf, bezeichnen diese als „Verschwörungstheoretiker", „Dumm-Hansel" und fragen ob alles noch frisch unter dem Alu-Hut sei. Diese Gruppe informiert sich sehr wohl in allen Wirtschafts- und Finanzbereichen. Aber sie hinterfragt nicht, sie ist nicht skeptisch genug und glaubt den Worten der Politiker, vertraut den Aussagen in den Medien, glaubt den Bankern und diversen Welt verbessernden „Gurus", welche meistens nur zum Zweck der Instrumentalisierung losgeschickt werden. Bestes Beispiel ist hier „Friday for Future" bei der es in Wirklichkeit nicht um Klimawandel und Schutz des Ökosystems geht, sondern um knallhartes Business in

Bezug Forschung, CO2-Emissionshandel und Demontage ganzer Industriezweige aus Wettbewerbsgründen.

Die, die zum Demonstrieren auf die Straße laufen, gehören dieser ersten Gruppe an, denn sie schauen nicht in die Tiefe bzw. um drei Ecken, und sie hinterfragen nicht den Grund. Dies kann von jungen Menschen, Alter zwischen 14 und 21 Jahren, nicht unbedingt erwartet werden. Um das dahinter stehende System zu durchschauen bedarf es viel tiefgründigeres Wissen und vor allem Lebenserfahrung.

Ist diese Gruppenbildung von den Eliten gewollt und ein rein manipulativer Schachzug zur Machtstärkung von Politik und Wirtschaft? Sollte man nicht hinterfragen, warum eine junge Frau mit einem Asperger Syndrom weltweit Zuspruch und Unterstützung durch Politik und Lobbyisten erfährt? Ist es nicht wunderbar einen Menschen zu finden, für den es nur A oder B, Weiß oder Schwarz gibt, und der somit gut manipulierbar ist - ohne dies selbst zu bemerken? So ein durch Fremdmeinung überzeugter Mensch ist doch zur Instrumentalisierung von wirtschaftlichen und politischen Interessen bestens geeignet.

Durch solche „Mainstream-Ikonen" als Vorbilder werden die Menschen beschäftigt, manipuliert und getriggert sich eine vorgefertigte Meinung anzueignen. Diese entwickelt in der Gesellschaft eine gewollte Dynamik und führt somit zu dem gewollten Ziel. Letztendlich eine Fremdbestimmung durch die Eliten, welche von den Menschen nicht erkannt werden. Viele Menschen beschäftigen sich dann lieber in endlosen Diskussionen miteinander anstatt zu erkennen was die wahren Ziele der Eliten bzw. des Deep State sind.

Dieser manipuliert und regiert durch Angst, Sorge, Schrecken und Existenzbedrohungen der Menschheit, um seine wirtschaftlichen Ziele zu erreichen.

Diesen „Deep State", diese Eliten, gibt es seit Jahrtausenden von Jahren in allen Kulturen. Dabei hatten immer die Priester eine besondere Machtstellung inne. Ob bei den alten Majas oder im alten Rom. Dies hat sich bis heute nicht geändert. Die katholische Kirche ist die mächtigste Institution auf der Welt. Und die evangelische Kirche, die orthodoxe Kirche oder die „freien" Kirchen? Nun, sie können als guter Christ wählen, welcher „christlichen Vereinigung" sie angehören wollen. Vergleichen Sie es doch einfach mit dem Staatsfernsehen. Es ist egal, welchen Sender Sie anschauen.

Die christlichen Kirchen sind wirtschaftlich gut aufgestellt und haben Besitztümer (Ländereien, Immobilien, Anteile an Unternehmen, usw.). Sie sind hinter dem Vorhang Wirtschaftsmächte deren Wege sicherlich unterschiedlich anmuten, jedoch führen alle ihre Wege indirekt nach Rom. Hinzu kommen noch die Konkordate und Staatskirchenverträge mit besonderen Rechten.

Man muss nicht nur die Uhr sehen, sondern jedes einzelne Zahnrad in diesem Uhrwerk betrachten. Erst dann versteht man den Sinn und Zweck von Kriegen, Demontage von Staatsoberhäuptern (Saddam Hussein, Muammar al-Gaddafi, u.v.a.), Zerstörung von starken sozialen Gesellschaftsformen (Deutsches Kaiserreich) und plötzlich auftretenden Pandemien (Pest, Pocken, Spanische Grippe und die diversen folgenden Grippepandemien: 1957, 1970. 2009. 1918; Corona-Virus 2019/2020). Nichts auf dieser Welt passiert zufällig! Der Deep State mit seinen Eliten plant bis zu 30 Jahre voraus. Sein Ziel: kontrolliertes Bevölkerungswachstum der Menschheit, bestimmen der Weltpolitik, Lenkung vieler zum Nutzen weniger, aber vor allem die Interessen der 300 Elite-Familien auf der Welt durchzusetzen und zu schützen. Bestmögliche Kontrolle der Weltbevölkerung und Ausbeutung des menschlichen Kapitals soweit wie möglich.

Und noch einmal: der „Deep State" (Tiefe Staat) ist nicht nur eine Begrifflichkeit für die Drahtzieher im Hintergrund eines Staates. Er ist kein Mythos von Verschwörungstheoretikern. Er ist existent. Dieser tiefe Staat ist die Bezeichnung für ein weltweit verzweigtes Netzwerk der Eliten, welche alle Staaten in der Welt nicht nur beeinflussen, sondern in einer raffinierten, verschachtelten, strategisch perfekten und mit bestmöglicher Macht ausgestatteten Art und Weise beherrschen und lenken.

In diesem „Deep State" gibt es jedoch, seit Jahrhunderten, auch Kräfte die sich gegen die Art und Weise des Handelns des „Deep States" gegenüber der Menschheit aussprechen. Sie wollen keine Kriege, keine Hungersnöte und keine gewaltsame Dezimierung der Weltbevölkerung. Auch lehnen sie den herrschenden satanischen Kult innerhalb dieses „Deep States" ab. In den letzten 100 Jahren sind sie stark geworden, konnten ihre Macht weiter ausbauen, so dass mittlerweile über mehrere Generationen ein Kampf der Eliten untereinander entbrannt ist. Sie konnten den ersten und zweiten Weltkrieg nicht verhindern. Aber sie verhindern momentan den 3. Weltkrieg und kämpfen für ein weltweit besseres Wirtschaftssystem, sowie für bessere Lebensbedingungen der Menschen. Sie wollen den medizinischen Fortschritt vorantreiben. Eines ihrer Ziele ist es die Gesundheit zu fördern und die Abhängigkeit von der Pharmaindustrie zu stoppen. 40% der heute auf dem Markt vorhandenen Medikamente wären nicht notwendig und dienen nur dem Zweck die Nebenwirkungen der anderen 60% zu beseitigen.

Durch die Globalisierung und den schnelleren Wissenstransfer auf der Welt ist es, seit den letzten 20 Jahren, schwieriger geworden die Menschen zu kontrollieren und zu manipulieren. Daher musste der „Deep State" immer stärker durch Schreckensherrschaft agieren, um seine Macht zu demonstrieren und seine Ziele durchzusetzen. Zum Missfallen der anderen Eliten. Diese Guten werden auch symbolisch „White Hats" genannt und bekämpfen mittlerweile sehr erfolgreich die von Macht und Gier zerfressenen Familien in ihren Reihen. Wie kamen sie in der Bevölkerung zu ihrer Bezeichnung "White Hats"? Weiße Hüte sind ein allegorischer Verweis auf die "Guten Jungs" aus den amerikanischen WesternFilmen, in denen die guten Cowboys immer weiße Hüte trugen und die Bösen (Banditen, Rustler, etc.) an ihren schwarzen Hüten erkannt wurden.

In Bezug auf das Corona-Virus herrscht die Theorie, dass die Covid-Pandemie eine gewollte Strategie bestimmter Eliten im Kampf gegen die Arbeit der „White Hats" gewesen sein soll. Es sollte das von den „White Hats" bereits aufgebaute neue, Gold gedeckte, Weltfinanz- und Weltwirtschaftssystem vernichten, bevor es starten konnte. Der dunkle „Deep State" will weitermachen, wie bisher. Und dafür nutzt er alle Mittel. Er steht momentan mit dem Rücken an der Wand, denn die „White Hats" haben bereits in vielen Bereichen ihr weltweites Netzwerk platziert und einen großen Teil der Menschenverächter in den Elite-Familien entmachtet.

Dies soll sogar der zweite Angriff gegen die „White Hats" und deren Idee, eines für die Menschen besseren Weltfinanzsystems, gewesen sein. Diesmal funktionierte es aber nicht wie gewünscht, denn die „White Hats" sind mittlerweile in der Weltfinanz und -politik stark positioniert.

Das erste Ereignis eine Gruppe von „White Hats" zu vernichten geschah in 2011. Bereits in den späten neunziger Jahren gab es eine Arbeitsgruppe von Regierungs- und Agency-Personal in den USA die im Interesse der Menschen und gegen die Kabale (Deep State, schwarze Elite) arbeiteten. In diesem Zusammenhang tauchte übrigens erstmals auch in Info-Briefen, die von einer Person mit dem Decknamen „Taube" (Dove) geschrieben wurden, der Begriff „White Hats" auf.

Diese Arbeitsgruppe wurde am 11.09.2001 zu einem Meeting in das Pentagon eingeladen, um sie zu ermorden. Sie wurden dem „Deep State" zu lästig.

Das Team wurde in ihrem Sitzungszimmer, im mittleren Gebäudeabschnitt des Pentagons, durch eine Explosion getötet. Dank Bildern vom FBI konnte man erkennen, dass das von Terroristen am 11.09.2001, zum absturzgebrachte Passagierflugzeug (American-Airline-Flug 77) nicht an der Explosion dieses Pentagonabschnittes beteiligt war.

Somit konnte der Mord an diesen Menschen unter dem Deckmantel des Terroristenangriffes von 9/11 vertuscht werden.

Hier muss auch hinterfragt werden: war es Zufall, dass es ausgerechnet der 11.09.2001 war? Welche Personen waren zu diesem Zeitpunkt im World Trade Center, die

Abbildung 1: Pentagon
Quelle: eigene grafische Darstellung, basierend auf FBI-Information

es auch auszuschalten galt? 4 Flugzeuge koordiniert zu entführen und diese als „Raketen" erfolgreich zu benutzen bedarf einer langen Vorlaufzeit an Planung. CIA und NSA hören sogar „das Gras wachsen". Waren diese beiden Organisationen wirklich taub und blind was die Vorbereitungen zu diesem Attentat betrafen?

Während „zufällig" viele Angestellten der verschiedenen Firmen und Kanzleien im World Trade Center frei hatten oder gebeten wurden im Home Office zu arbeiten, wurden wiederum andere Personen einbestellt. Wer waren diese Menschen? Welche Aufgaben hatten sie? War es wirklich nur Zufall? Und wieso war ausgerechnet an diesem Tag die schlagkräftige Luftwaffe nicht in der Lage den Luftraum schnell zu sichern? Wo war der Stau der Informationsweitergabe bei der Luftwaffe?

Nachdem die beiden Türme durch die Flugzeugexplosionen, über mehrere Etagen in Flammen standen, sackten diese in sich zusammen, als wären sie mit vorinstallierten Sprengladungen zum Einsturz gebracht worden - ähnlich den Abriss-Sprengungen von Hochhäusern, um die Nachbargebäude durch einen Seitwärtsfall nicht zu zerstören.

Sollte dies wirklich ein von langer Hand geplantes Attentat des Deep States gewesen sein und Al-Qaida das ausführende Instrument? Spekulation und Verschwörungstheorie hin oder her, diese Attentate waren eine Abscheulichkeit besonderen Ausmaßes, bei der über 400 Helfer (Feuerwehrleute, Sanitäter und Polizisten) sowie über 2.900 Angestellte starben.

Aber was kann man von Menschen erwarten, die für Kriege auf der Welt sorgen, nur um ihre Interessen zu wahren? Da spielen ein paar tausend Tote keine Rolle. Oder man tötet gezielt Personen in Schlüsselpositionen, die nicht nach den Interessen der Eliten handeln.

In Deutschland sei hier Alfred Herrhausen erwähnt, der in den 80er Jahren Vorstand der Deutschen Bank AG war. Er hatte seinen Einfluss zur Entschuldung der „Dritten Welt" genutzt, welcher aber im Gegensatz zu den Interessen der anglo-amerikanischen Großbanken stand. Er wurde professionell durch eine Panzerabwehrmine, ausgelöst durch eine High-Tech-Lichtschranken- und Punktladungstechnik, ermordet. Diese Technik findet nur bei Militärs und militärischen Geheimdiensten Verwendung. Dass es sich hier um ein Attentat, von der Hochfinanz in Auftrag gegeben, handelte wurde indirekt in einem ZDF Interview (13.05.2010, Minute 13, Maybrit Illner) durch einen Hinweis von Josef Ackermann bekräftigt. Auf die von Illner gestellte Frage, ob Ackermann in der Finanzkrise nicht auch einen Schuldenverzicht hätte vertreten können, antwortete er, dass er glaubt, es wäre ihm genauso ergangen, wie Herrn Herrhausen. Frau Illner ging nicht näher auf die Aussage von Herrn Ackermann ein.

Jedenfalls kam, ein Tag nach dem Anschlag vom 11.09.2001, der Startschuss für die Ausarbeitung des „USA PATRIOT ACT" (*Uniting and Strengthening America by Providing Appropriate Tools Required to Interceptand Obstruct Terrorism Act*). Dieser wurde am 26.10.2001 vom US-Kongress, im Zuge des Krieges gegen den Terrorismus, verabschiedet. Die Folge dieses USA PATRIOT ACT ist ein Freifahrtschein, unter dem Deckmantel der Terrorbekämpfung, sogar Staatsoberhäupter ohne Konsequenzen töten zu lassen - von Menschenrechtsverletzungen ganz zu schweigen.

Alles nur Märchen, Verschwörungstheorie und Fantasterei? Ist der Tiefe Staat wirklich real? Sind die Eliten real? Und wenn ja, wie konnte es diesen Mächtigen gelingen, so lange nicht von den Menschen wahrgenommen zu werden, obwohl sie von den Auswirkungen direkt betroffen sind?

Interessante Antworten hierzu lieferte die Ausgabe 15 von „Positionen – Politik verstehen" aus 2018. (Link hierzu: https://www.youtube.com/watch?v=pbw3c335pVs; 15.09.20; Deutschland)

Hier haben sich Journalisten in ihrer beruflichen Laufbahn eingehend mit staatlichen Strukturen beschäftigt, die außerhalb des Rampenlichts manifest sind. Anhand zahlreicher Beispiele versuchen sie, Transparenz in diese Sache zu bringen.

Erst wenn die Menschen sich der tatsächlichen Umstände bewusst werden, stehen die Zeichen auf Veränderung und der „Tiefe Staat" wird als das erkannt, was er ist: kein Mythos, sondern Realität. Solange wir uns aber immer wieder um unsere eigene Existenz Gedanken machen müssen und durch Tagesereignisse, initiiert vom „Deep State", beschäftigt werden, können wir es nicht schaffen den Weg zu mehr Miteinander, Gesundheit,

Weltfrieden und sozialem und geistigen Reichtum zu finden und zu beschreiten.

II. Die Biowaffe

Angriffe mit biologischen Waffen haben eine sehr lange Geschichte. Griechen und Römer verseuchten die Brunnen ihrer Feinde, indem sie Leichen hineinwarfen. Im 18. Jahrhundert wurden nordamerikanische Indianer dezimiert, indem man ihnen Decken aus Pockenkrankenhäusern schenkte. Der Erfolg ließ nicht lange auf sich warten.

Auch im letzten Jahrhundert erlebte man in den USA Angriffe durch Biowaffen. Besonderes Augenmerk galt hier dem Milzbranderreger (Bacillus anthracis) ein stäbchenförmiges Bakterium, welches wie alle Lebewesen eine eigene genetische Information besitzt. Nicht alle Milzbranderreger haben die gleiche genetische Signatur. Da sie sich unterscheiden, spricht man hier von verschiedenen Stämmen von denen mindestens 1200 Varianten dieses Erregers bekannt sind. Der Ursprung des Milzbrands ist auf einen sogenannten Ames-Stamm zurückzuführen, der in den Fünfzigerjahren in der Nähe von Ames in Iowa aus einem Tierkadaver isoliert und untersucht wurde. Seitdem wird von allen Wissenschaftlern auf der Welt dieser „Ur-Stamm" für Forschungszwecke genutzt. Hierbei wird untersucht, welches Antibiotikum am besten hilft und wie man eine Infektion durch diesen Erreger eindämmen kann. Schließlich gibt es nicht nur den Lungenmilzbrand, sondern auch beispielsweise den Haut- und Darmmilzbrand.

Trotzdem birgt jede Forschung nach einem Mittel gegen einen Erreger immer die Gefahr, dass man den Erreger weiter entwickeln kann und somit eine tödliche Biowaffe herstellt. Schließlich heißt es nicht ohne Grund: „Wo Licht ist, ist auch Schatten!" Dass sich selbstverständlich gegen den Bioterrorismus gewehrt werden muss, ist in der heutigen Zeit mehr als deutlich geworden.

Der Milzbrand ist dabei nur ein Beispiel. Neben ihm existieren Pest, Tularämie, Ebola, Rotz, Brucellose, Legionellose, Pocken, Gelbfieber, Botuline, tödliche Erreger die hohes nicht senkbares Fieber hervorrufen können, sowie Alpha- und Retro-Viren. Und dies alles ist nur ein kleiner Auszug aus dem Arsenal „des Bösen".

Die Alpha-Viren gehören zu der Familie der „Toga-Viren" und verursachen Gehirnentzündungen. Sie werden auch über Aerosole, also über den Atemweg auf den Menschen übertragen. Im Falle eines Terrorangriffes ist hier nur die Isolation und der Aerosolschutz durch Maskenpflicht (FFP-2-Masken) möglich. Die Therapie wäre nur symptomatisch, da bis heute kein Impfstoff gegen diese Alpha-Viren vorhanden ist.

Auch gibt es verschiedenste Arten von Retro-Viren. Das HIV ist ein Retrovirus, genauso, wie das SARS-CoV-2-Virus. Wichtig zu wissen ist, dass Viren sich genetisch verändern, wobei Mutationen aber nicht automatisch die Grundeigenschaften des Virus völlig verändern.

Das SARS-CoV-2-Virus ist beispielsweise eines von 7 humanpathogenen Coronaviren. Coronaviren wurden erstmals anfangs 1960 entdeckt, wobei seit ca. 1964 auch Coronaviren in Deutschland nachgewiesen wurden.

Das im Elektronenmikroskop grob kugelförmige Virus fällt durch einen Kranz blütenblattartiger Fortsätze auf, die an eine Sonnenkorona erinnern und die ihm seine Bezeichnung gab.

Vertreter dieser Virenfamilie verursachen bei allen vier Klassen der Landwirbeltiere (Säugetiere, Vögel, Reptilien, Amphibien) sehr unterschiedliche Erkrankungen. Sie sind genetisch hochvariabel und können dadurch mehrere Arten von Wirten infizieren. Beim Menschen sind sieben Arten von Coronaviren von Relevanz.

Unter den menschlichen Coronaviren besonders bekannt geworden sind:

- SARS-CoV[-1] (severe acute respiratory syndrome coronavirus)
- MERS-CoV (Middle East respiratory syndrome coronavirus)
- SARS-CoV-2 (severe acute respiratory syndrome coronavirus 2)

Sie waren / sind die Auslöser der SARS-Pandemie 2002/2003, der MERS-Epidemie (ab 2012) und der COVID-19/20-Pandemie (2019/2020).

Sie verursachen beim Menschen sowohl gewöhnliche Erkältungen bis hin zu gefährlichen oder sogar potenziell tödlich verlaufenden Krankheiten mit Lungenversagen bei Patienten mit vorgeschädigten Organen (COPD, Asthma bronchiale) oder einem geschwächten Immunsystem (z.B.: Diabetes Mellitus).

Hierbei kommt es auf das jeweilige Immunsystem des Virus-Infizierten an und inwieweit bestimmte internistische Vorerkrankungen bestehen. Wissenschaftler gehen davon aus, dass der Stamm des SARS-CoV-2 von Fledermäusen oder von Schuppentieren stamme, da man dieses Retrovirus in diesen nachweisen konnte. Ob aber diese Tiere nur ein Zwischenwirt sind oder ob andere Zwischenwirte vorhanden sind, konnte bisher nicht herausgefunden werden. Spekuliert wird momentan viel, bewiesen wenig. Derzeit wird davon ausgegangen, dass sich die ersten Patienten Anfang Dezember 2019 in Wuhan, Provinz Hubei, in China, mit dem SARS-CoV-2 infiziert hatten.

An dieser Stelle muss jedoch nachgefragt werden, wie der Übertragungsweg aussah und ob dieses spezielle Corona-Virus wirklich direkt von Tieren übertragen wurde oder es aus einem Forschungsinstitut mit Sitz in Wuhan stammt. Auch muss hinterfragt werden, warum sich Menschen nicht in den Nachbarorten angesteckt haben, wo die Tierpopulation von Fledermaus und Schuppentier höher ist und somit auch die Ansteckungsgefahr mit dem SARS-CoV-2 größer ist? Und solche Tiermärkte, wie in Wuhan gibt es auch an anderen Orten in ganz China! Betrachtet man den Lebensraum der angeblich infizierten Tiere, so haben diese kilometerweite Reviere. Und wenn dieses SARS-CoV-2-Virus nicht urplötzlich aus dem Nichts erschienen ist, dann müsste es in dem ganzen Landkreis, in der ganzen Provinz, bei Fledermäusen und Schuppentieren nachgewiesen werden. Folglich müssten in der gesamten Region auf jedem Markt infizierte Tiere zum Verkauf angeboten worden sein. Somit kann ein natürlicher Ausbruch auf nur einem einzigen Markt nicht logisch nachvollzogen werden.

Hinterfragt man den Übertragungsweg, den Ausbruch und seinen Verlauf, sowie die rasche Ausbreitung von Wuhan über den gesamten asiatischen Kontinent und der anschließenden Ausbreitung über die gesamte Welt, so kommt man durchaus auf die Idee hier einen Biowaffenangriff oder einen Bio-Forschungsunfall mit Virusfreisetzung zu unterstellen. Zumal es in Wuhan Forschungseinrichtungen waren die sich mit Corona-Viren intensiv beschäftigten. Außerdem forschen und untersuchen, seit 2008, Wissenschaftler weltweit die Corona-Viren. Und in der Nähe dieser Labore gab es keine Ausbrüche oder „natürliche" Infektionen mit den Viren.

Es verhärtet sich immer mehr der Verdacht, dass dieser Ausbruch nicht zufällig oder durch fahrlässige Nichtbeachtung von Sicherheitsmaßnahmen zustande gekommen sein kann.

Hier kommt folgende Theorie zum Tragen: Dieser „Bio-Vorfall" wurde zielgerichtet gegen die chinesische Wirtschaft und gegen das chinesische Volk gerichtet. Das primäre Ziel war die Lahmlegung der industriellen Produktion und des chinesischen weltweiten Handels. Das sekundäre Ziel lag darin die Weltwirtschaft lahmzulegen.

Es war ein seit 10 Jahren vorbereitetes „Planspiel" der schwarzen Eliten. Zum einen sollte Chinas Wirtschaftsmacht gebrochen werden, und zum anderen sollte es wieder zum „Insourcing" der Produktionen in die ursprünglichen Produktionsstätten der jeweiligen Staaten führen, da sämtlichen Staaten durch diese Aktion ihre Abhängigkeit von China aufgezeigt bekamen.

Auch war das Timing des Ausbruches kurz vor Dezember 2019 perfekt geplant, denn auch in China feierte man im Dezember Weihnachten und dann später das Neujahrsfest (21.01.2020). Chinesen aus der ganzen Welt reisten sogar vorzeitig dafür an. Somit ein hervorragendes Konzept zur breiten Übertragung des SARS-CoV-2. Und da man erst nach ca. 7 Tagen Symptome der Infektion zeigt, kann man das Virus unbemerkt und somit hochpotenziert weitergeben - auch unbemerkt in seiner Wahlheimat. Der Ausbruch war zwar Ende November 2019, jedoch stieg die Gesamtzahl an Infektionen erst im Laufe des Dezembers 2019 und Januars 2020 extrem bedrohlich an. Die chinesische Regierung verhielt sich während dieser Zeit bedauerlicher Weise sehr zurückhaltend.

Es wurde sogar noch im Januar 2020 eine Kampagne für Wohltätigkeits-Kulturaktivitäten zum chinesischen Neujahrsfest gefahren. Hier gab es hunderttausende von Freikarten für diverse Veranstaltungen in Wuhan, um weitere Touristen anzulocken. Am 19. Januar 2020 wurde sogar im Wohnviertel Baibuting (Wuhan), ein Bankett zum chinesischen Neujahrsfest für die 40.000 Bewohner des Stadtviertels abgehalten, was einen rasanten Anstieg von Infektionen zur Folge hatte.

Letztendlich waren bereits, trotz anschließender Massenquarantäne (ab dem 29.01.2020) durch die chinesischen Behörden, sehr viele Chinesen und Touristen in ihre Heimat zurückgekehrt. Es kam zu Infektionen in den Großstädten der USA, wie New York, Manhattan, San Francisco und Los Angeles. Durch die Rückkehr von Chinesen aus der Heimat waren hier unerkannt Hotspots in den jeweiligen „China Towns" dieser Großstädte entstanden.

Auch traf es Italien. Die italienische Modeindustrie beschäftigt im Produktionsgewerbe ca. 8.000 Chinesen. Viele von ihnen kamen, zusammen mit den italienischen Touristen aus China zurück. Somit hatte man in Italien nicht nur vereinzelte „Hotspots", sondern das Virus verteilte sich schnell im gesamten Land. Hinzu kam noch die hohe Feinstaubbelastung im Norden Italiens, wo sehr viele Menschen unter chronischen Atemwegserkrankungen leiden und somit zur Risikogruppe gehören.

In Deutschland breitete sich die Corona-Epidemie zu einer Pandemie aus, weil durch die Flugreisen mit den Drehkreuzen wie Frankfurt a.M., Düsseldorf, München, Hamburg und Berlin ein wunderbarer Multiplikator geschaffen wurde. Da hier Passagiere aus China mit Passagieren aus nicht-asiatischen Gebieten an Terminals und in Flugzeugen zusammentrafen, konnte man sicher sein, dass das Virus auch dort übertragen wurde und so andere Länder erreichte, die nicht direkt aus China angeflogen wurden. Gleiches galt für die großen Flughäfen in Frankreich und in Großbritannien.

Da der Hauptübertragungsweg des SARS-CoV-2 die respiratorische Aufnahme virushaltiger Flüssigkeitspartikeln ist, die beim Atmen, Husten, Sprechen und Niesen entstehen, war die Klimaanlage in den Flugzeugen durch die gute Luftzirkulation bestes Hilfsmittel der Verbreitung.

Hinzu kamen die Lounges an den Flughäfen oder die Warteräume vor den Terminals kurz vor dem Abflug. Auch haben verschiedene Flughäfen zu wenig Gateways, sodass Bus-Shuttle-Service genutzt wurden. Auch hier bestes Potenzial dieses Virus zu verbreiten. Der längere Aufenthalt in solchen kleinen, schlecht oder nicht belüfteten Räumen erhöht die Wahrscheinlichkeit einer Übertragung durch Aerosole auch über eine größere Distanz als 2 Meter. Dies gilt besonders, wenn eine infektiöse Person viele kleine Partikel (Aerosole) ausstößt (Husten, Niesen, schnelles Atmen) oder exponierte Personen besonders tief durchatmen (Durch Angst oder Anspannung während des Starts oder der Landung).

Das gleiche galt natürlich auch für Kreuzfahrtschiffe, wo viele Menschen sich dicht an gemeinsamen Orten aufhielten, wie Buffet-Bars, Restaurants, Discos, Theater, Pool oder Sonnendeck. Auch gab es Ausflüge zu Sehenswürdigkeiten, so dass hier eine Durchmischung der Gruppen stattfand und somit eine einzige Person alle anstecken konnte. Und die meisten Schiffspassagiere kamen mit dem Flugzeug zu den Routenstarts der Schiffe.

Sollte also das SARS-CoV-2 als Biowaffe absichtlich freigesetzt worden sein, so wurde diese hervorragend auf der ganzen Welt verteilt. Wirklich nur eine Verschwörungstheorie?

Auch durch den Kontakt mit kontaminierten Oberflächen kann das Virus verbreitet werden. Versuche bewiesen, dass sich noch nach 6 Stunden aktive Viren auf Oberflächen befinden.

Erreger, die für das bloße Auge nicht erkennbar sind und töten können, sind für uns erschreckend und bedrohlich. Zu Recht, denn diese Erreger befinden sich auch in der Luft und machen unsere Atmung für alles verwundbar. Die am stärksten gefährdeten Gruppen sind Senioren, Kranke und Kinder. Und wenn diese Menschengruppen durch Bakterien oder Viren in großen Zahlen plötzlich erkranken oder sterben, ist die soziale, wirtschaftliche und moralische Basis der Gesellschaft bedroht. Kommt es dann zu Lebenseinschränkungen des Alltags oder auch nur zu einem teilweisen Zusammenbruch des sozialen Lebens, dann wirkt sich dies tiefgreifend auf die menschliche Psyche aus. Die Folgen sind Verzweiflung, Angst, Aggressivität, Intoleranz und Steigerung der kriminellen Energie gegen andere Menschen oder staatliche Institutionen.

Während der Ausgeh-Beschränkungen und Schließung der sozialen Treffpunkte (Fitness-Studios, Gaststätten, Kinos, Discos, etc.) wuchsen in Deutschland die häusliche Gewalt, sowie die Kindesmisshandlungen um bis zu 35%.

Die psychologischen Auswirkungen des „Lock-Downs" und seine Nachwirkungen, obwohl die ersten Lockerungen wieder vorhanden waren, sah man an dem Sonntag (21.06.2020) in der Innenstadt von Stuttgart, als hunderte Randalierer Geschäfte plünderten, Pflastersteine aus den Böden rissen und Autos demolierten. Dutzende von gewalttätigen Kleingruppen zogen umher und griffen Polizisten an, die für Ordnung sorgen wollten. Dies geschah mit einer nie dagewesenen Brutalität bei der 19 Polizeibeamte schwer verletzt wurden. In der Nacht vom 21.06. auf den 22.06.2020 waren insgesamt 280 Polizeibeamte im Einsatz gewesen, um den Mob zu stoppen.

Laut Polizei hätten sich, anlässlich der Kontrolle eines Drogendelikts, viele Feiernde gegen die Polizisten solidarisiert. Mehrere hundert Menschen seien in Kleingruppen daraufhin unterwegs gewesen und hätten die Gewalt gesucht.

Das unsere psychische Stabilität bei Eingriffen in unseren persönlichen Lebensraum leidet oder sogar ganz verloren geht zeigt uns nicht nur dieses Beispiel, sondern trauriger weise auch die in 2020 sprunghaft angestiegene Selbstmordrate von 30 bis 40 Jährigen, die mit der Isolation, der Kurzarbeit oder Arbeitslosigkeit in die Depression rutschten und keinen anderen Ausweg mehr fanden.

Bisher fühlten wir uns vor biologischen Angriffen geschützt, dachten wir doch immer, dass diese Waffen nie massiv und vor allem breit gegen Zivilisten eingesetzt würden. Die Milzbrand-Attentate in den USA schienen schon wieder vergessen worden zu sein.

Fakt ist: wenn keine offenen Feindseligkeiten vorliegen, ist es ein Leichtes den Einsatz von Biowaffen als natürlichen Krankheitsausbruch zu tarnen. Damit wird es unmöglich, das Verbrechen auf den Verbrecher zurückzuführen. Meistens aber sind es die Indizien, die zumindest klarstellen, was die Intention des Verbrechers war oder ist.

In unserem Fall ist es die Gruppe, die zur Durchsetzung ihrer eigenen Interessen sogar Kriege (Beispiele: Syrien,

Irak, Kuwait) führt und über Leichen von Staatsoberhäuptern geht. Diesmal war es „nur" der Einsatz des
SARS-CoV-2. Aber das Ziel ist wohl eindeutig identifiziert:

- Chinas Großmachtstellung zu schwächen;

- Teile von Chinas Wirtschaft zu zerstören;

- Outsourcing von wichtigen Produktionen (nicht nur
  nach China) rückgängig zu machen: Rückverlegung
  in die Heimatländer und Produktverarbeitung direkt
  im eigenen Land;

- die Staaten in der europäischen Staatengemeinschaft
  (EU) noch stärker an diese Staatengemeinschaft, ge-
  lenkt aus Brüssel, zu binden und eine starke EU-
  Abhängigkeit zu schaffen (Finanzabhängigkeit der
  Einzelstaaten durch Fördergelder und Darlehen in
  Billionenhöhe zu gewährleisten). Schließlich sind
  einzelne Staaten schwieriger zu kontrollieren und zu
  managen als eine einzige Staatengemeinschaft;

- einen globalen Reset der Weltwirtschaft herbeizufüh-
  ren und anschließend ein neues Weltwirtschaftssystem, optimiert für den „Deep State" bzw. die „Eliten",
  zu implementieren, damit diese noch mehr Einfluss
  und Gewinne aus dem System abgreifen können,

- die Lebensweise der Menschen in eine für den „Deep
  State" optimierte und wirtschaftlich lukrativere Art
  und Weise zu bringen,

- Produkte durch Verknappung und besondere Um-
  welt-Auflagen zu verteuern, damit der Deep State
  durch seine zentralen Unternehmen noch mehr Gewinn erwirtschaften kann;

- Einführung von Gesetzen unter dem Deckmantel der Pandemie, welche die Rechte des Individuums einschränken, mehr staatliche Überwachung ermöglichen und mögliche Widerständler des Systems vorab identifiziert werden und auch eliminiert werden können. Dadurch erlangt auch der „Deep State" mehr Kontrolle in allem.

- Die Weltbevölkerung kontrolliert zu dezimieren, um der Überbevölkerung entgegenzuwirken.

- Anschließend Impfungen durchzuführen, an denen Drahtzieher des Deep State nicht nur verdienen, sondern auch eine gesundheitlich langfristige Abhängigkeit entsteht (siehe jährliche Grippeimpfungen).

Und zu dem Punkt, die Bevölkerung dezimieren: ein zu hohes Altersleben innerhalb eines Landes ist eine zu große Finanzlast im Gesundheitswesen. Hinzu kommen staatliche Renten, die es für lange Zeit zu zahlen gilt. Warum wurde die Arbeitsaltersgrenze in Deutschland auf 67 Jahre heraufgesetzt? Länger arbeiten, um dem System nicht auf der Tasche zu liegen? Produktiv zu zahlen und am besten bei Eintritt in die Rente direkt in „die Kiste" fallen ist der wahre Wunsch der Eliten und derer, die unsere Sozialkassen verwalten. Ausbeutung des „Human Capitals" par excellence. Und die längere Arbeitszeit wird einem unter dem Deckmantel „Mangel an Fachkräften" und „Wir brauchen Sie und Ihr Wissen" verkauft.

Zu den aufgeführten Zielen hat es bis Juli 2020 ausreichend Beispiele gegeben, die mehrfach durch die Presse gegangen sind. Diese Ziele sind bereits seit über 20 Jahren entwickelt und mehrfach in Simulationen geprüft worden. Jetzt werden sie schrittweise umgesetzt.

Die Menschen in unserem, aber auch in anderen Ländern, merken dies nicht. Ihnen werden sehr überzeugend Sachverhalte vorgegaukelt, die keine sind. Sie werden unter dem Deckmantel des „Es ist notwendig, dass ..." und einem: „Wir wollen doch nur das Beste ..." manipuliert. Zahlen werden geschönt, Szenarien werden erfunden und die Medien sind auf einmal alle gleichgeschaltet und polarisieren die Volksmeinung nur in eine Richtung, so dass niemand die wahren Intentionen erkennt. Und wenn doch? Dann traut er sich nicht etwas zu sagen, weil er dann ein Verschwörungstheoretiker oder Spinner wäre. Außerdem hat er Angst in seinem sozialen Umfeld ausgegrenzt zu werden. Wer hat schon Lust, aufgrund seiner Ansicht und Äußerung der eigenen Meinung, sozial isoliert zu werden und entsprechende Stigmata mit sich herumtragen zu müssen.

Erinnert man sich an die Pandemie-Übung in 2007 (Lükex 07), dann findet man vieles von dem, was sich tatsächlich in 2020 ereignet, wieder. Das Robert-Koch-Institut ließ damals verlauten, dass so ein Virusausbruch „keine Frage des Ob, sondern des Wann" sei.

Normalerweise hätte jeder von uns bei Ausbruch des Corona-Virus annehmen können, dass die deutschen Behörden aufgrund der in 2007 durchgeführten Übung bestens auf das Corona-Virus vorbereitet gewesen wären. Aber weit gefehlt. Die damalige Pandemie-Übung zeigte diverse Schwächen auf.

Geprüft werden sollte, wie gut das Gesundheitswesen, die Infrastruktur und die Verwaltung auf den Ernstfall vorbereitet ist. Auch sollte aufgezeigt werden, wie gut die Versorgung der Bürger sichergestellt wurde und wie gut die Zusammenarbeit zwischen dem Bund und den Ländern funktionierte. Es sollte herausgefunden werden, wie gut Deutschland gegen solch ein Virus vorbereitet war.

Beim Bundesamt für Katastrophenschutz kann man bis heute keinen Auswertungsbericht für das Pandemie-Szenario abrufen. Die Unterlagen wurden als „Verschlusssache" eingestuft. Kein Wunder, denn das Ergebnis ist alles andere als Pandemietauglich gewesen.

Benötigte Medikamente hätten nicht schnell genug beschafft werden können und es hätte Übergriffe auf Apotheken gegeben. Die Sterberate wäre rapide gestiegen. Die Krankenhäuser wären überlastet gewesen und die medizinische Versorgung wäre zusammengebrochen.

Die Polizei: handlungsunfähig, weil sich reihenweise Polizisten krank gemeldet hätten; gleiches wäre im Gesundheitsbereich mit dem Pflegepersonal und den Ärzten geschehen Der Handel wäre kollabiert, weil Lieferanten keine Fahrer mehr gehabt hätten und in Supermärkten das Packpersonal gefehlt hat. Plünderungen wären an der Tagesordnung gewesen.

Während der Übung fiel auf, dass es zu wenig Lagerbestand an medizinischem Equipment gab (Masken, Schutzbekleidung, Handschuhe, etc.) und notfallmedizinische Produkte fehlten.

Betrachtet man 2020 unter diesem Gesamtaspekt, so muss man sagen, dass Länder und Bund nichts aus der Übung gelernt hatten, zumal das Robert Koch-Institut sogar noch 2012, auf Grundlage der Erfahrungen mit den Corona-Viren SARS und MERS, bereits ein Pandemie-Szenario skizziert hatte und Bund und Länder spätestens dann im Sinne des Bevölkerungsschutzes hätten reagieren müssen.

Die Faktenlage in 2020: in den Krankenhäusern fehlte es an Hygieneartikel, an persönlicher Schutzausrüstung und es kam zu internen Plünderungen. In manchen Krankenhäusern fehlten plötzlich bis zu 50% des Lagerbestandes an Desinfektionsmitteln, Mundschützen und Handschuhen. Gerade die notwendigen FPP-2 und FFP-3 Masken waren, wie von Geisterhand, verschwunden, um später auf dem Schwarzmarkt oder auf Onlineverkaufsplattformen wieder gefunden zu werden. Teilweise wurden in Krankenhäusern sogar die Desinfektionsspender auf den Fluren geklaut. Es kam im ganzen Land zu Lieferengpässen, da die von Bund und Ländern zur Verfügung gestellten Notfall-Lagerbestände überhaupt nicht ausreichten.

In Baustellenbereichen wurden die mobilen Toilettenhäuschen aufgebrochen und das Klopapier gestohlen.

Die Mitarbeiter im Gesundheitswesen mussten mit einem Sammelsurium an Hilfsmitteln und Schutzausrüstungen arbeiten, weil es Lieferengpässe gab. Die Face-Shields, die als Einmalartikel gedacht waren wurden regelmäßig mit einem Flächendesinfektionsmittel gereinigt und dann wiederverwertet.

Um das lange Tragen von Einmalhandschuhen bei Corona-Patienten zu überstehen (schwitzende Hände, aufgequollene Finger) wurden auf den Intensivstationen teilweise sogar dünne Baumwollhandschuhe darunter angezogen. Diese kamen dann in die Wäscherei und wurden wieder hygienisch aufbereitet.

Auch Großbritannien hatte in 2016 eine Pandemie-Übung namens „Operation Sternbild Schwan". Auch das Ergebnis dieser britischen Übung hatte zum Ergebnis, dass das Gesundheitssystem NHS den Ansturm von Patienten nicht verkraften könnte. Außerdem fehlte es damals an Beatmungsgeräten für den Ernstfall.

Das britische Gesundheitsministerium hatte sich das Ergebnis aber nicht zu Herzen genommen und Verbesserungen durchgeführt. Denn das Ergebnis der Übung in 2016 glich der Realität in 2020. Das britische Gesundheitssystem brach zusammen und es fehlten mehrere hunderte von Beatmungsgeräten.

Das Erschreckende ist dabei nicht das Versagen des Bevölkerungsschutzes in der Übung und der Improvisation in der Realität. Auch nicht die Hygienemaßnahmen um die Infektion einzudämmen. Nein, das Erschreckende ist, dass auf der Basis der heutigen wissenschaftlichen Biotechnologie in der Industrie keine großen Labore oder Industriekomplexe mehr benötigt werden, um Krankheitserreger herzustellen. Es bedarf nur noch einer kleinen „Standard-Ausrüstung" in einem Keller und das erforderliche Wissen, welches mit Hilfe der allgemein zugänglich wissenschaftlichen Literatur sehr schnell erworben werden kann.

So wäre es möglich sich ein Schiff zu organisieren, einen Erreger, verpackt in einem Aerosol, an Bord zu nehmen und den Rhein herab zu fahren. Der Start könnte in Koblenz sein. Dort wird als erstes der Erreger über die Luft freigesetzt und breitet sich über die Aufwinde in der Region aus. Und so wären innerhalb eines Tages bereits ca. 100.000 Menschen infiziert. Dann wird Bonn mit seinen ca. 315.000 Einwohnern erreicht und wenig später ist das Schiff in Köln, einer Millionenstadt. Auch hier werden Erreger freigesetzt, während die Mannschaft, fröhlich winkend, am Dom vorbeifährt. Auch dieses Aerosol trifft auf seine Opfer. Dies geschieht weiter in Düsseldorf (ca. 600.00 Einwohner) und dann in Duisburg (ca.

490.000 Einwohner). Zum guten Schluss wird der Rest der produzierten Erreger in Rotterdam freigelassen. Das Schiff fährt weiter auf der Nordsee und die Mannschaft wird von einem Hochseeschiff an Bord genommen. Das Rheinschiff wird einfach auf hoher See versenkt, um eventuelle Spuren zu verwischen. Am anderen Tag sind alle bereits auf hoher See in unbekannte Richtung geflohen, während in Deutschland und den Niederlanden tausende von Menschen unerklärlich erkranken und drei Tage später versterben. So einfach und unauffällig könnte ein Biowaffenangriff sein. Und breitflächig wären Unruhen und Leid über Menschen gebracht worden.

Die moderne Gentechnik kann Strukturen von Organismen so modifizieren, dass sie mit ihren neuen Eigenschaften als Kampfstoff noch gefährlicher und effektiver sein können. Somit können instabile Organismen erschaffen werden, die nach einer gewissen Zeitspanne oder unter bestimmten Umweltbedingungen absterben. Alternativ können diese Biokampfstoffe mutieren, so dass in der zweiten oder dritten Generation keine Gefahr mehr von Viren oder Bakterien ausgeht. Dies alles kann durch die moderne Gentechnik so perfekt geschaffen werden, wobei es unmöglich ist herauszufinden ob es sich um ein natürlich oder künstlich geschaffenes Virus handelt.

Und warum hat bis heute die Bundesregierung nicht von einem möglichen Biowaffen-Angriff gesprochen? Ist das so abwegig? Sicherlich um eine weitere Panik in der Bevölkerung zu vermeiden und Eskalationen mit Plünderungen und Zerstörungen, wie in Stuttgart, nicht zu provozieren?

Natürlich müsste man in so einem Fall weitere Kurzschlusshandlungen der Bevölkerung, im Sinne von

Hamsterkäufen und somit weitere Engpässe von Lieferschwierigkeiten, erwarten. Auch würden verursachte Sachschäden von den Versicherungen nicht übernommen, da terroristische Anschläge, kriegerische Handlungen, und auch Schäden durch Biowaffen, nicht versichert sind. Dies gilt auch für Lebensversicherungen. Wenn jemand aufgrund des Einsatzes einer biochemischen Waffe um das Leben kommt ist die Versicherung von der Auszahlung der Lebensversicherung befreit, es sei denn es wurde vertraglich extra festgehalten.

Bei dem in China freigesetzten SARS-CoV-2 ist zu vermuten, dass es sich um ein künstlich geschaffenes Virus handeln könnte. Man kann dies zwar nicht zweifelsfrei nachweisen, jedoch erkennt man, aufgrund der Infektiosität des Virus, dass es in kurzer Zeit in eine „harmlosere Variante" mutiert ist.

In 2019/2020 war die Infektionsanfälligkeit exorbitant hoch. Sehr viele Patienten verstarben, weil sie eine bereits ausgeprägte Lungen- oder Herzerkrankung hatten und das Virus sie ihrer letzten Lebensreserven beraubte.

Das Corona-Virus hat seinen Ausbreitungshöhepunkt, wie das Influenza-Virus, von November bis April und kehrt am Ende des Jahres in einer mutierten Form zurück. Dies legen zumindest die Forschungsberichte aus den 70-iger und 80-iger Jahren offen.

Heute gibt es Neuinfektionen, nur verlaufen diese interessanterweise bei der mutierten Form nicht mehr so stark. Manche Menschen sind zwar infiziert, bemerken dies aber kaum. So sind zwar Corona-Virus positiv getestete Menschen vorhanden, die aber noch nicht einmal eine Erkältung aufweisen oder wenn, dann nur über einen dezenten Schnupfen oder Halsschmerzen klagen.

Durch die Virus-Mutation gibt es zwar mehr Infizierte (Virusträger), aber weniger Erkrankte. Wobei aber auch die Testung auf Covid-Infizierte immer fragwürdiger wird. Aber später mehr dazu.

Sicherlich besteht weiterhin, wie auch bei der jährlich wiederkehrenden Influenza, für die definierte Risikogruppe die Gefahr einer letalen Superinfektion.

Doch woraus besteht dieses ominöse SARS-CoV-2 genau? Es besteht aus einem Retrovirus-Anteil, einem Suppressionsanteil, sowie einem „Spike-Protein".

Was bedeutet aber **„Retro"**? Der Begriff „Retro" ist eine Wortzusammensetzung und besteht aus dem Wort „reverse" („re") und „Transkriptase" (abgekürzt als „tro"). Diese reverse Transkriptase ist für die Vervielfältigung der Gene (Ribonukleinsäure = RNA) des Virus in der Wirtzelle verantwortlich.

Der **Suppressionsanteil** tarnt das Virus kurzfristig vor dem menschlichen Immunsystem, wie dies bei dem HIV (Humane Immundefizienz-Virus) der Fall ist.

Der **Protein-Anteil** (Spike-Protein) ist bei dem Corona-Virus für die spezifische Lungeninfektion verantwortlich. Dieses Spike-Protein ist so konfiguriert, dass es an den ACE2-Rezeptoren der menschlichen Atemwegs- und Lungenzellen andockt und dort Schäden verursacht.

Die RNA des Corona-Virus ist außerdem schützend in ein Nukleokapsid (harte Kapsel) eingebettet und besitzt zusätzlich noch einen Mantel aus Proteinen (Eiweißen).

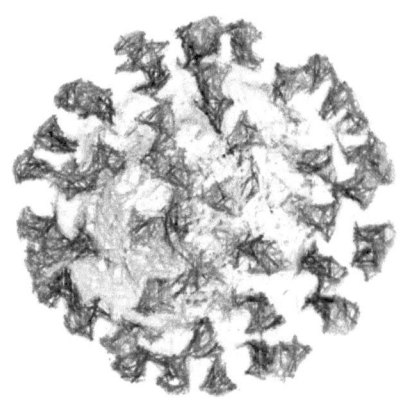

Abbildung 2: Covid-19
Quelle: eigene grafische Darstellung

Somit handelt es sich beim Corona-Virus um ein gut eingehülltes Virus, dessen Hülle als Tarnung vor dem menschlichen Immunsystem dient.

Diese Virushülle besteht, wie die Membran der menschlichen Zellen, aus einer Doppellipidmembran, in die Proteine eingelagert sind.

Das Corona-Virus besorgt sich seine Virenhülle auch, indem es einfach durch die Zellmembran der Wirtszelle hindurchbricht und sich dabei in ein Stück dieser Zellmembran einwickelt. Dabei ergänzt es seine Membran durch zuvor von der Wirtszelle hergestellte virale Proteine und schützt sich vor dem Angriff des Immunsystems des Menschen, da diese Proteine einem Teil der menschlichen Immunglobulin-G-Antikörper ähneln. Letztendlich verschmelzen Virenhülle und Zellmembran der Wirtszelle miteinander, so dass das erbgutgefüllte Kapsid in den Innenraum der Wirtszelle freigesetzt werden kann. Die Virenproduktion startet.

Dieser „Tarnschild" wird jedoch beim Corona-Virus nach ca. 7 Tagen von dem Immunsystem erkannt, da die Proteinstabilität nachlässt und „der Tarnschild" quasi verblasst. Somit kann das Immunsystem den Erreger erfolgreich bekämpfen.

Und hier setzt die Vermutung der künstlichen Veränderung des SARS-CoV-2 an. Man könnte im Labor ein Programm zur Herstellung der Proteine in die Helix einbauen, welches die Dauer der Proteinstabilität bestimmt. Hier bewegen wir uns im Nanometerbereich der Wissenschaft. Durch die künstliche Veränderung des Virus könnte die Tarneigenschaft bei einer Mutation nicht mehr richtig funktionieren, so dass das Virus vom Immunsystem schneller erkannt und bekämpft werden könnte. Folglich ist der Krankheitsverlauf milder und das Virus ähnelt eher einem Grippevirus.

Natürlich bleibt das offizielle Statement der WHO und diverser Wissenschaftler bestehen, dass ein chinesischer Wildtiermarkt in Wuhan vermutlich für die rasante Ausbreitung des Virus die Quelle war, der genaue Übertragungsweg aber bisher nicht geklärt sei. Dabei wird vehement widersprochen, dass das Virus künstlich in einem Labor hergestellt wurde. Warum aber diese auffällige Vehemenz?

Mittlerweile sind die vermeintlich schuldigen Überträger ausgemacht, wie man eben einen Schuldigen finden muss, um von dem wahren Schuldigen abzulenken: Fledermäuse und Schuppentiere.

Nochmals: nur auf eine minimale Region? Wildtiere leben in Freiheit und nicht in einem durch Zaun beschränktem Gehege. Sie breiten sich aus und streifen in ihrem Revier hin und her und kommen mit Artgenossen in Kontakt. Somit müssten die Nachbarmärkte, auf denen Tiere zum Verzehr verkauft wurden, auch Infektionen aufweisen. Wieso ist dies nicht der Fall bzw. warum gab es von anderen Märkten keine Infizierten, sondern nur in Wuhan ... in dessen Nähe ein Forschungslabor war?

Nun, es spricht aber auch nichts gegen den teuflischen Plan, dass ein Virus Tieren eingeimpft wurde, sich in diesen reproduziert hat, und diese Tiere dann zum Verzehr auf dem Markt angeboten wurden. Eine genetische Virenmanipulation wäre somit nicht mehr nachweisbar. Um zu beweisen, dass das Corona-Virus in Wuhan ein genetisch verändertes Virus sein könnte müsste man den Ur-Stamm finden. Dieser wäre längst vernichtet, denn der oder die Täter hinterlassen nur ungern Spuren. Ist es da nicht besser ein Szenario zu schildern, über welches das SARS-CoV-2 den Menschen befallen konnte? Aber diese Version hinkt, denn man weiß bis heute nicht, ob das Coronavirus alle dafür nötigen Anpassungen zur Verbreitung schon vor dem Tierbefall, erst im Tier oder in den ersten menschlichen Wirten, erworben hat. Wenn man dies nicht sicher weiß, wie kann man dann eine Virenmanipulation durch Menschenhand grundsätzlich ausschließen?

Jedenfalls ist das aktuelle SARS-CoV-2 ein Virus, dass der Körper erfolgreich bekämpfen und vernichten kann, wenn sein Immunsystem nicht durch andere Erkrankungen geschwächt bzw. geschädigt ist. Trotzdem besteht die Möglichkeit sich wieder mit diesem Corona-Virus anzustecken und eine erneute Erkrankung durchzumachen -wenn man nicht ausreichend Antikörper entwickelt hat. Eine vollständige Immunisierung gibt es, nach dem Kenntnisstand aus Juli 2020, bisher noch nicht. Aber es wurde bereits von diversen Pharmakonzernen an einem Impfstoff gearbeitet, der eine Grundimmunisierung mit einer Sicherheit von bis zu 90 bis 95% liefern soll. Innerhalb eines Jahres jedoch einen Impfstoff herzustellen, der in 2021 für den Einsatz genehmigt werden soll, ist mehr als sportlich. Normalerweise benötigt man für so eine Herausforderung mindestens 3 bis 5 Jahre. Wer nicht ganz mit dem Klammerbeutel gepudert wurde, sollte spätestens jetzt darüber nachdenken, wie man in kurzer Zeit einen Impfstoff entwickeln konnte, wofür sonst Jahre benötigt werden. War der Grundbaustein dieses Virus nicht längst in einer Virendatenbank gespeichert?

III. Sinn versus Unsinn

Man kann geteilter Meinung sein, ob ein genetisch verändertes oder ein natürlich vorkommendes Virus unser Leben veränderte. Von großer Tragweite waren jedoch Reaktionen und die Maßnahmen von Seiten der Staaten weltweit, welche zur sozialen Isolation, zu Einschränkungen der Persönlichkeitsrechte und zu beruflichen und wirtschaftlichen Schäden führten.

Waren der „Lock-Down", die extremen Schutzmaßnahmen und die soziale Isolation wirklich zum Schutz der Bevölkerung notwendig?

Bei eingehender Sichtung der Fakten kann hier ein eindeutiges „Ja!" für die ersten drei Wochen gegeben werden. Danach steht leider ein eindeutiges „Nein!" im Raum! Auch gibt es ein „Nein" für den teilweisen Lockdown im November 2020. Erklärungen dieser „Neins" zu späterem Zeitpunkt.

1. Der Fakten-Check

Fakt ist, dass ein Virus mutieren kann und entweder weiterhin sehr aggressiv unterwegs ist oder durch Mutation seine Wirkung nachlässt. Fakt ist, dass seit mindestens 1964 Coronaviren in Deutschland bekannt sind. Fakt ist auch, dass weltweit seit über 20 Jahren an und mit Corona-Viren geforscht wird.

Hier ein Beispiel dieser Forschung:

Seit 2014 wurde bereits ein lebendes, abgeschwächtes Corona-Virus entwickelt, welches am 20.11.2018 patentiert wurde (Patent: US10130701B2). Es kann als Impfstoff zur Behandlung und / oder Vorbeugung einer Krankheit, wie einer infektiösen Lungenerkrankung bei Hühnern (Beispiel), verwendet werden. Die Wissenschaftler haben einen umgekehrten genetischen Ansatz verwendet. Dass dieser Ansatz sehr gut kontrollierbar ist, wurde nach mehreren Durchläufen in embryonierten Eiern festgestellt.

Unter Verwendung des Ansatzes der umgekehrten Genetik haben die Wissenschaftler auch festgestellt, dass dieses genetisch veränderte Corona-Virus einen verringerten Grad an Pathogenität aufweist. Das Ausmaß der Pathogenität kann so verringert werden, dass das Virus, wenn es einem embryonierten Ei verabreicht wird, sich replizieren kann, ohne für den Embryo pathogen zu sein.

Somit stellt diese vorliegende Erfindung in einem ersten Aspekt ein lebendes, abgeschwächtes Corona-Virus bereit, welches durch seine biomolekulare Eiweißstruktur den Fremderreger in seinem Infektionsverlauf schwächt. Somit kann das eigene Immunsystem den Primärerreger, durch Mithilfe des Corona-Virus, eliminieren. Die Folge wäre keine Lungenentzündung mit späterem Organversagen, sondern ein milder Verlauf einer Bronchitis.

Mittlerweile kann dieser Ansatz auch auf den Menschen seine Anwendung finden. In dem Wissenschaftsbericht zur Patentanmeldung findet sich folgende Information:

Das Coronavirus kann zur Herstellung eines Impfstoffs verwendet werden. Der Impfstoff kann durch eine abgeschwächte Lebendform des Coronavirus hergestellt werden und kann ferner einen pharmazeutisch verträglichen Träger umfassen. Das Coronavirus kann verwendet werden, um eine Krankheit zu behandeln und / oder zu verhindern. Dies kann jede Krankheit sein, wie eine Atemwegserkrankung, Gastroenteritis beim Menschen, Hepatitis, Enzephalitis oder infektiöse Bronchitis (IB), sowie das schwere akute respiratorische Syndrom (SARS). Für die Tiere liegt die Nutzung in den Bereichen: Epidemischer Durchfall bei Schweinen (übertragbare Gastroenteritis), Maus-Hepatitis-Virus, Hämagglutinierende Schweineenzephalomyelitis oder die Bluecomb-Krankheit. (Quelle: Patent-US10130701B2; https://patents.google.com/patent/US10130701B2/en; gefunden am 20.10.20 und ins Deutsche übersetzt).

Somit wurde bereits in 2018 ein Patent mit einem abgemilderten Corona-Virus zur Infektionsbekämpfung der oben genannten Erkrankungen durch Fremderreger angemeldet. Darunter war auch die Bekämpfung des schweren akuten respiratorischen Syndroms (SARS) welches durch das SARS-CoV-2 ausgelöst wird. Dieses Patent wurde 2018 angenommen. Es bedarf aber mindestens 3 bis 5 Jahre klinischer Studien und weiterer Forschungen, um hier einen Impfstoff oder ein antivirales Mittel im Markt zugelassen zu bekommen.

Fakt ist, dass die aus dem Patent gewonnenen Erkenntnisse, unter dem Druck der Öffentlichkeit wegen der Corona-Virus-Pandemie, sehr wohl genutzt werden könnten, um einen möglich zu generierenden Impfstoff früher zuzulassen. Hier muss nur genügend politischer Druck durch Pharma-Lobbyisten ausgeübt werden. Bei Isolation der Bevölkerung, Einschränkungen des sozialen und persönlichen Lebens, sowie wirtschaftlicher Probleme, wie wir sie momentan haben, sollte dies hinter verschlossenen Türen leicht erfolgen. Die Zulassungsdauer würde sich bestimmt halbieren. Wenn dieses Patent dann auch noch, gegen eine hohe Lizenznutzungsgebühr, verschiedenen Forschungseinrichtungen zur speziellen Impfstoffentwicklung und -herstellung gegen SARS-CoV-2 zur Verfügung gestellt wird, ist es für alle Unternehmen eine Win-Win-Situation. Die Kosten zur Weiterentwicklung und Herstellung eines Impfstoffes würden auf mehrere Schultern verteilt und die Gewinnerzielung würde somit höher ausfallen als hätte man den Impfstoff alleine entwickelt. Bei den jetzigen Forschungseinrichtungen, die auf dieses Patent zugreifen können, entfällt die kostspielige Basisforschung. Dafür zahlt man eben die Lizenzgebühr. - Das Patent läuft übrigens erst am 23.07.2035 aus.

Als Vergleich welche Gewinne hier zu erwarten sind, sei hier nur das Medikament Remdesivir genannt.

Remdesivir (Handelsname Veklury; Hersteller Gilead Science Biotech-Unternehmen, USA) hat seine Zulassung im Juni 2020 (unter Auflagen) in den USA erhalten. Dieses Medikament verkürzt die Genesung von Covid-19 Patienten im Schnitt von 15 auf 11 Tage und wurde ursprünglich zur Behandlung von Ebola entwickelt. Dieses Medikament, welches für eine 5-tägige Behandlung vorgesehen ist, wird voraussichtlich für ca. 2.000 Euro pro Patient auf dem europäischen Markt zu kaufen sein. Mittlerweile wird aber in Deutschland von dem Einsatz dieses Produktes abgeraten, da der Kosten-Nutzen-Faktor in keinem Verhältnis stehe.

Kommen wir aber wieder zurück zu unserem Fakten-Check:

Fakt ist, dass es jeden Winter zu einer erhöhten Sterblichkeitsrate durch akute Atemwegserkrankungen kommt. Hier liegt in Europa jährlich die Grippewelle ganz vorne. Auch waren die Corona-Viren schon immer mit dabei und sind, wie man uns glauben lassen will, kein Novum auf unserem Kontinent.

Betrachtet man die Sterbefallzahlen der Menschen von 0 bis 65 Jahren in Deutschland, die an Grippe verstorben sind, so sieht man für die Jahre 2017 und 2018 Zahlenausbrüche in den Monaten Februar bis März.

Schaut man sich nun die Grafik der Sterbefallzahlen des statistischen Bundesamtes genauer an (in 2020 erfasste Todesfälle durch die Grippe), fällt auf, dass in 2020 die Sterberate nicht, wie in Februar/März 2017/2018 extreme Ausschläge aufweist. Dies bedeutet, dass in den Monaten Februar und März im Jahr 2020 die Grippe nicht zu akutem Anstieg der Todesfälle führte, sondern diese sich gleichmäßiger über einen längeren Zeitraum erstreckten. In einfachen Worten: es wurde nicht in den Monaten Februar und März akut gestorben, sondern dies über mehrere Monate verteilt. Dies lag an der Eigenart des Grippevirus. Somit starben sehr wohl Menschen weiterhin auch in den Folgemonaten März und April 2020 an der Grippe.

Das Bundesamt für Statistik sieht dies jedoch anders. Die Grippewelle gelte bereits Anfang 2020 als bereits beendet und ein möglicher Anstieg von Sterbefallzahlen im weiteren Verlauf des Jahres 2020 könnte in einem Zusammenhang mit der Corona-Pandemie stehen. (Quelle: https://www.berliner-zeitung.de/coronavirus/taegliche-sterbefallzahlen-im-jahresvergleich-li.81531; Berliner Zeitung, Deutschland, Zugriff 14.10.2020)

Interessant ist jedoch, dass die für das Jahr 2020 fortführende Statistik in den Folgemonaten überhaupt keine signifikant erhöhte Sterberate, wie in 2017/2018, aufwies. Trotzdem lehnte sich das statistische Bundesamt sehr weit aus dem Fenster und publizierte, dass der dezente Anstieg von Sterbefällen gegenüber den letzten Jahren im gleichen Zeitraum in 2020 auf das Corona-Virus zurückzuführen sei. Hierzu konnte man auch, am 01.05.2020, in der Berliner Zeitung einen Artikel lesen.

Die Aussage des Statistischen Bundesamtes ist mehr als fragwürdig. Zum einen aufgrund der oben aufgeführten Erkenntnisse und zum anderen, weil auch seit vielen Jahren das Corona-Virus in Deutschland (seit ca. 1964) existent ist. Auch Patienten, die an den Folgen einer vermeintlichen Grippe verstarben wurden in den letzten Jahren nicht auf Corona-Viren getestet. (A) Es kam niemand auf die Idee, dass es sich hier bereits um eine Infektion von einer Corona-Variante hätte handeln können, weil wissenschaftliche Erkenntnisse fehlten; und (B) gab es in 2017/2018 keine Corona-Viren-Tests bzw. kamen hier keine zur Anwendung.

Daten in 2020 von Covid-19-Infizierten zu erheben und hieraus zu schlussfolgern, dass diese Daten der leicht erhöhten Sterberate zuzuordnen sind, ohne Referenzwerte aus den vorherigen Jahren zu haben, ist mehr als unwissenschaftlich und fragwürdig.

Betrachtet man nun die Folgen (Lock-Down, Masken-pflicht, etc.), grenzen solche unwissenschaftlichen Aussagen schon fast an Körperverletzung.

Auch wird immer wieder betont, dass das Coronavirus in der Form des SARS-CoV-2 erst jetzt aufgetaucht sei. Ist dem so? Noch einmal: was, wenn es dieses Virus bereits gab, jedoch Wissenschaftler erst durch die Ereignisse in 2019/2020 das SARS-CoV-2 entdeckt haben? Wenn Wissenschaftler eine neue Tierart auf einem Kontinent entdecken ist diese doch auch nicht erst mit der Entdeckung entstanden, sondern lange existent.

Im Jahr 2009 hatte die WHO die höchste Warnstufe bei dem Ausbruch der Schweinegrippe ausgerufen. Das H1N1-Virus wurde als das gefährlichste Grippevirus schlechthin bezeichnet. Medien, wie Bildzeitung und Spiegel, sprangen darauf an und verbreiteten die Horrornachrichten über das Virus in der Welt schneller, als die Ausbreitung des Virus selbst. Das Ergebnis war ein schwächerer Verlauf dieser Grippe als die bisherigen Grippewellen. Es war der so genannte Sturm im Wasserglas, sorgte aber, bedingt durch Vorbereitung auf dieses Horrorszenario für erhebliche Kosten im Gesundheitswesen.

In 2009 wurden dann auch zwei wesentliche Punkte der Pandemiedefinition gestrichen. Früher waren eine enorme Anzahl von Todesfällen und Erkrankungen in mehreren Staaten Bedingung. Dies ist seit 2009 kein Kriterium mehr für den Begriff der „Pandemie". Die WHO hat bis heute keine Begründung für diese Definitionsänderung geliefert. Letztendlich ist es aber durch den Wegfall leichter, auch unbegründet oder bei regionalen Ausbrüchen, für eine Bevölkerung eine Pandemiewarnung auszurufen. Dies hat nicht nur soziale oder wirtschaftliche Folgen. Letztendlich kann so eine Warnung eine Kettenreaktion, wie beispielsweise den „Lock Down" auslösen, das Gesundheitssystem akut belasten und den Ruf nach einem Impfstoff laut werden lassen, obwohl die Realität keine Pandemie aufweist. Somit hat die WHO einen sehr starken Einfluss auf das gesamte Weltgeschehen, nicht nur im klassischen Gesundheitsbereich, sondern, dank der Pharmalobbyisten, auch auf Impfungen.

Schaut man sich das Spendenregister der WHO an, so fällt auf, dass nicht nur die Staaten ihren Obulus beitragen, sondern auch sehr viele NGO (Non-Govermental-Organization), unter anderem die Bill & Melinda Gates-Stiftung, die WHO finanziell unterstützen. Böses, wer jetzt den Spruch denkt: „Dessen Brot ich fress', dessen Lied ich sing!"

2. Epidemiologie

Wenn wir realistische Zahlen erhalten wollen, die auch den tatsächlichen Sachverhalt wiedergeben, dann müssen wir bei der Gesamtbevölkerung die Infizierten, die Erkrankten und die Verstorbenen evaluieren. Dabei muss zwingend die Summe der getesteten Personen aufgeführt werden.

Bedauerlicherweise wurden bei den Tests in Deutschland grundsätzlich alle **positiven Tests** in die Statistik aufgenommen. Dies war irreführend, denn Fehltests oder Doppeltests gehörten eigentlich wieder gelöscht.

Folglich könnte auch eine Person, die zweimal getestet wurde und bei dem Kontrolltest immer noch positiv war, in der Statistik als „Covid-19 positiv" doppelt auftauchen.

Würden also 10 Personen getestet und es waren 4 Personen positiv, dann stünden in der Statistik 4 Covid-Infizierte. Würde von den 4 positiv Getesteten bei zwei Personen ein Wiederholungstest durchgeführt und dieser wäre auch wieder positiv, so würden daraus plötzlich 6 Covid-Infizierte.

Wer den Fehler in der Statistik nicht kennt denkt: Statistik: 6 von 10 Personen sind Covid-Infizierte. In Wirklichkeit sind es aber immer noch 4 Personen. Nur 2 wurden doppelt getestet. Somit können Statistiken ins Absurdum geführt werden und stellen nicht immer die Realität dar.

Außerdem müsste in solchen Statistiken nicht „Covid-19 infizierte Personen", sondern „Covid-19 positiv getestete Personen" stehen! Denn nicht jeder positiv Getestete ist auch infiziert. Er kann schon längst Gesund und nicht mehr infiziert sein, weist aber immer noch Genmaterial des Virus auf.

Außerdem handelt es sich bei den Tests um Stichproben bei Personen, die auffällige Symptome zeigten. Somit sind diese Statistiken nicht repräsentativ, noch bilden sie alle in Deutschland infizierten Menschen ab.

Interessant wird dies bei den Sterbefällen. Nimmt man nur die positiv getesteten Menschen und setzt dieser Gruppe die gestorbenen Infizierten gegenüber, so gibt es ein anderes Ergebnis, als wenn die Summe der tatsächlich Infizierten genommen wird.

Da die tatsächlich Infizierten viel mehr sind, wird die Relation zu den Sterbefällen um ein Vielfaches geringer.

Hierzu ein Beispiel:

a) $\dfrac{\text{Zahl der Gestorbenen (100)}}{\text{Zahl der positiv getesteten (20)}}$ = Sterberate (5,0)

b) $\dfrac{\text{Zahl der Gestorbenen (100)}}{\text{Zahl der Infizierten (50)}}$ = Sterberate (2,0)

Wie man an diesem Beispiel sieht, kann die Sterberate überhaupt nicht ausgewiesen werden. Denn bei der korrekten Ausführung müssten alle Infizierten erfasst werden, um die wirkliche Sterberate aufzeigen zu können. So ist jede Veröffentlichung von Seiten des Robert-Koch-Institutes in dieser Richtung ein Schuss ins „Blaue" der die Bevölkerung, aufgrund von Ungenauigkeit, nur ängstigt und ein nicht vorhandenes „Schreckenszenario" herbeiruft. Mit wissenschaftlicher Arbeit hat dies nichts zu tun! Außerdem muss auch eine Steigerung an Covid-19 infizierten Personen nicht unbedingt bedeuten, dass plötzlich mehr Erkrankte vorhanden sind und die „Pandemie" wächst.

Zu Beginn der Covid-19-Testungen wurden wenige Personen getestet, da es noch nicht genügend Tests in den Krankenhäusern gab. Auch befand man sich erst am Anfang der Logistikkette. Eine Woche später war mehr Testmaterial vorhanden und so konnten mehr Personen auch als Covid-19-positiv diagnostiziert werden.

Betrachtet man nur die Positivzahlen, so käme man auf die Idee, dass sich innerhalb von 2 Wochen die Anzahl der Infizierten verdoppelt hat. Dies stimmt nicht. Wären in der zweiten Woche weiterhin nur 1000 Tests zur Verfügung gestellt worden, wären mit hoher Wahrscheinlichkeit auch in der zweiten Woche ca. 200 Covid-19-Positive bestätigt worden. Somit hätte es keine Steigerung von Covid-19-Positiven, sondern eine Konstante von diesen gegeben.

In Deutschland gab es aber so eine Steigerung der Tests und folglich eine „dreifach-explodierende" Anzahl an Covid-19-Positiven zwischen dem 16.03.20 und 22.03.20 (Quelle: CDIM 2020; RKI-Lagebericht, Zugriff 20.10.2020, www.rki.de, gilt für folgende Daten*), welche den „Lock Down" zur Folge hatten. Es ist logisch, dass bei mehr Testungen auch mehr Infizierte zum Vorschein kommen.

RKI ermittelte Daten*:

Zeitraum	Tests	Gesamtzahl Cov-19-Pos. der Tests
10.02.20 – 08.03.20	~150.000 Tests	3.892
09.03.20 – 15.03.20	~170.000 Tests	7.582
16.03.20 – 22.03.20	**~330.000 Tests**	**23.820**
23.03.20 – 29.03.20	**~380.000 Tests**	**31.414**
30.03.20 – 05.04.20	**~410.000 Tests**	**36.885**
06.04.20 – 12.04.20	~380.000 Tests	30.728
13.04.20 – 19.04.20	~320.000 Tests	21.993
20.04.20 – 26.04.20	~360.000 Tests	18.052
27.04.20 – 03.05.20	~320.000 Tests	12.585
04.05.20 – 10.05.20	~400.000 Tests	10.746
11.05.20 – 17.05.20	~430.000 Tests	7.065

Nimmt man aber die Konstante von 100.000 Tests als Validierungsgrundlage, so sehen wir ein anderes, jedoch repräsentativeres Ergebnis. Wären diese Ergebnisse dann vom RKI anders an die Bundesregierung kommuniziert worden, hätte es nie einen „Lock Down" gegeben.

Bei konstant 100.000 Tests zu jedem Zeitraum schwankt die Gesamtzahl an Covid-19-Positiven im März 2020 nicht um das Dreifache.

Auch kann man auf den grafischen Darstellungen des RKI deutlich sehen, dass bereits ab dem 05.04.20 die Covid-19-Infektionswelle abklang.

Fundamentiert ermittelte Daten*:

Zeitraum	Tests	Gesamtzahl Cov-19-Pos. der Tests
10.02.20 – 08.03.20	100.000 Tests	2.809
09.03.20 – 15.03.20	100.000 Tests	5.217
16.03.20 – 22.03.20	**100.000 Tests**	**6.833**
23.03.20 – 29.03.20	**100.000 Tests**	**8.622**
30.03.20 – 05.04.20	**100.000 Tests**	**9.033**
06.04.20 – 12.04.20	100.000 Tests	8.103
13.04.20 – 19.04.20	100.000 Tests	6.664
20.04.20 – 26.04.20	100.000 Tests	4.987
27.04.20 – 03.05.20	100.000 Tests	3.804
04.05.20 – 10.05.20	100.000 Tests	2.673
11.05.20 – 17.05.20	100.000 Tests	1.612

Außerdem war das Ziel des Lock Downs die Welle der Erkrankungen zu strecken, um somit eine Überlastung der Krankenhäuser zu vermeiden. Hierbei ist jedoch die Zahl der Erkrankten wichtig und nicht die Zahl der positiv Getesteten, da nicht jeder Positive auch infiziert ist und folglich nicht unbedingt erkrankt.

Somit ist die gesamte statistikliche Erhebung und Auswertung der Daten in ihrer wissenschaftlichen Sinnhaftigkeit zu hinterfragen.

Hinzu kommt noch, dass die Infektionszahlen in den Statistiken kumulativ dargestellt wurden und den öffentlichen Medien somit ein Schreckenzenario vermittelt wurde, welches eine reale Übersicht des Infektionszuwachses überhaupt nicht zuließ.

Im Folgenden ist eine Grafik dargestellt, die die tatsächliche Infektionsrate aufzeigt und nicht kumuliert. In diesem dargestellten Verlauf sieht man deutlich einen Rückgang der Infektionen.

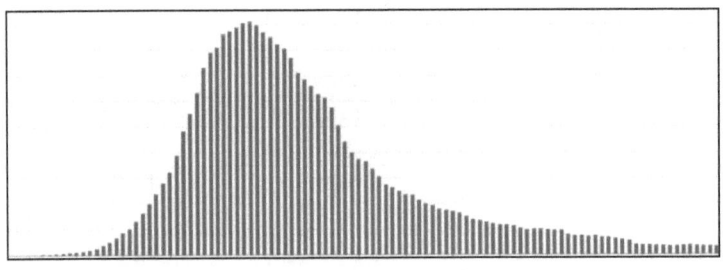

Abb.-Grafik 3: Zahlenkonstrukt
Quelle: eigene Darstellung; tatsächliche Infektionsrate*

Bei der kumulativen Kurve wird es nie einen Rückgang geben, denn, wie der Name bereits sagt, werden alle Fälle hinzu addiert. Folglich wird diese Kurve steigen und nie abfallen!

Das ganze Zahlenkonstrukt wurde im Mai noch fehlerhafter, als die Bundesregierung zu hohe Infektionszahlen nannte.

Am 03.05.2020 konnte man in einem Tagesspiegel lesen, dass die Zahl von ca. 40.000 akut Infizierten wohl nicht korrekt gewesen sei und dies eine Sprecherin des Bundesgesundheitsministeriums am Wochenende eingeräumt hätte. Tatsächlich wären, auf Basis der Zahlen des Robert-Koch-Instituts(RKI), nur ca. 29.000 Menschen infektiös gewesen. Kanzlerin Angela Merkel hatte an dem Donnerstag nach dem Bund-Länder-Gipfel, ebenso wie Gesundheitsminister Jens Spahn, von 40.000 Infizierten gesprochen - also fast ein Drittel mehr als das RKI auswies. Zur gleichen Zeit hatte Spahn diese Zahl in einem Gastbeitrag für die Frankfurter Allgemeine Zeitung (FAZ) genannt.

Letztendlich ergab sich für den Tag des Bund-Länder-Treffens real die Zahl von etwas über 29.000 Infizierten.

Neben den doch zu hinterfragenden Statistiken in Bezug auf Infektiosität und Erkrankung ist auch die Sterberate und somit die Statistik der an SARS-CoV-2 Verstorbenen zu hinterfragen.

Jeder Covid-19 positiv getestete Mensch der verstarb, ob er Symptome zeigte oder nicht, wurde anfangs in der Sterbestatistik als Covid-19-Toter geführt. Somit kam auch der Patient, der an den Folgen eines Verkehrsunfalls starb und der bei Aufnahme in dem Krankenhaus positiv auf Covid-19 getestet wurde, in diese Sterbestatistik.

Diese Evaluierung war nicht nur unseriös, sondern auch unwissenschaftlich. Bisher war bei Verstorbenen immer die Grund-ERKRANKUNG als Todesursache aufgeführt worden. Bei Lungenversagen (ARDS = Acute Respiratory Distress Syndrome) aufgrund einer Pneumonie, war die Sepsis mit Folge des Lungenversagens die Todesursache.

Kein Arzt kommt auf die Idee einen verstorbenen Herzinfarktpatienten mit einem MRSA (Methicillin resistenter Staphylococcus aureus; Bakterie) als „MRSA-Toten" zu bezeichnen. In dem Totenschein ist immer die Erkrankung/Ursache, an der der Patient letztendlich verstarb, aufgeführt. Und Bakterien und Virenbefall selbst sind keine Krankheit, sondern Krankheitsauslöser. So ist das HIV Auslöser des AIDS. Der Patient verstirbt an dem Zusammenbruch des Multiorganversagens oder an dem ARDS, aufgrund des Zusammenbruches seines Immunsystems. Er ist aber kein HIV-Toter, sondern ein an AIDS Verstorbener. Und selbst, wenn der HIV-Infizierte an den Folgen eines Verkehrsunfalls stirbt steht in dem Totenschein: „Organversagen aufgrund eines Verkehrsunfalls". Interessant, dass diese Regeln nicht für Covid-19-Verstorbene gelten.

Mittlerweile veröffentlicht das Robert-Koch-Institut korrekt formuliert. So war am 09. Dezember 2020 bei einer Nachricht der Presseagentur Reuters zu lesen, dass sich die Zahl der gestorbenen Menschen, die positiv getestet wurden, um 590 (auf 19.932) erhöhte. Hier wäre jedoch die Zahl der tatsächlich durch das Virus Verstorbenen interessant. (Quelle: https://de.investing.com/news/ coronavirus/virustickerrki--ber-20000-neuinfektionen-und-590-weitere-todesfalle-2083904; Zugriff 09.12.2020, Deutschland).

Ist in dem Jahr 2020, sowohl dem Robert-Koch-Institut als auch der Bundesregierung, unseriöses und unwissenschaftliches Arbeiten in den Anfängen der Krise vorzuwerfen? Falls ja, was sollte damit bezweckt werden? Oder waren Regierung und RKI lediglich mit der Gesamtsituation überfordert?

Schaut man sich in diesem Zusammenhang wieder statistische Grafiken an, so fällt auf, dass die Grippe in 2020 noch nicht einmal eine Welle, wie in 2017/2018 aufwies und die Sterberate trotzdem noch höher war als die gesamte Sterberate der an Covid-19 Verstorbenen (einschließlich der falsch zugeordneten Toten). Niemand hat in 2017/2018, aufgrund der hohen Grippetoten, einen Lockdown ausgerufen oder ein Mundschutz-Gebot verordnet. Warum wurde dies nicht getan? Weil Grippeimpfungen bereits vorhanden sind und man sowieso die hohe Todeszahl von Grippefällen „gewohnt ist"?

Wollte die Bundesregierung mit ihren Maßnahmen wirklich die Bevölkerung vor gesundheitlichen Schäden bewahren? Warum tat sie dies dann nicht in 2017 und 2018?

Dass in Krisenzeiten restriktive Maßnahmen zum Schutz einer weiterhin stabilen „Bundesrepublik Deutschland" durchgeführt werden müssen ist nicht von der Hand zu weisen. Hier steht eher die Sozialverantwortung der Regierung (als Staatsmacht) das Volk nicht in Massenarbeitslosigkeit und sozialer Verelendung versumpfen zu lassen im Vordergrund - aber auch die eigene Macht zu erhalten.

Die Folgen wären eine massiv erhöhte Kriminalität, Ausschreitungen, Plünderungen, Revolten bis hin zu einer

Revolution. - War dies aber bei dem Covid-19 wirklich der Fall?

Unabhängig davon wirkt das ganze Statistik-Szenario, wie ein gedachter Vorreiter, durch die massiven Einschränkungen (trotz diverser Lockerungen), die Bevölkerung so dermaßen unter Druck zu setzen, dass diese eine Impfung geradezu herbeisehnen, um wieder ihr normales Leben zurückzuerhalten. Pharma-Lobby, ick hör' dir trapsen.

Letztendlich spiegelte sich das, was in Deutschland geschah auf der ganzen Welt wieder.

Kann hierfür auch die Gesundheitspolitik der WHO verantwortlich gemacht werden?

In den letzten 12 Jahren ist die WHO immer wieder in die Kritik geraten, ob ihre Arbeit wirklich rein humanitär ist oder ob sie zu einem Instrument verschiedenster Lobbyisten-Interessen geworden ist.

Als ein Beispiel sei die H1N1-Grippe genannt, die die WHO vor über zehn Jahren in die höchste Gefahrenstufe eingruppierte. Beraten wurde sie dabei von Wissenschaftlern, die auf der Gehaltsliste von jenen Pharmakonzernen standen, die am Verkauf des Grippemedikaments Tamiflu® kräftig mitverdienten. Als der Skandal bekannt wurde, geriet die WHO zu Recht in die Kritik. (Quelle: Zeit-Online, Bericht von Sven Stockrahm, 25.01.2012, 16:14; Deutschland, „Das Tamiflu-Geheimnis"; Internet: https://www.zeit.de/wissen/gesundheit/2012-01/tamiflu-cochrane-wirksamkeit?utm_referrer=https%3A%2F%2Fwww.google.com%2F; Zugriff: 20.10.2020)

Durch das Vernachlässigen ihrer eigentlichen Aufgaben, und mitmischen in der Gesundheitspolitik weltweit, haben bereits viele Staaten der WHO weniger finanzielle Mittel zur Verfügung gestellt und die USA in 2020 sogar sämtliche Geldunterstützung gestoppt. Dafür stiegen die Spenden von Unternehmen und NGOs.

Aber was soll die WHO machen, wenn man auf die Zuwendungen von privaten Geldgebern angewiesen ist und sich beispielsweise mit den Interessen von Bill Gates arrangieren muss?

Natürlich taucht hier wieder die Frage auf: Wurde die Pandemie-Definition in 2009 geändert, um weltweit leichter eine Pandemie auszurufen? - Auf so ein Schreckgespenst gibt die Pharma-Industrie gerne eine Empfehlung: Impfung!

Missbrauchte die WHO in 2020, dank des Wirkens des SARS-CoV-2-Virus, ihre Position um sich als brauchbares und nicht überflüssiges Gremium wieder in Szene setzen zu können? Würde sie durch solch einen Schachzug in 2021 wieder mehr finanzielle Unterstützung durch die Staatengemeinschaft erhalten?

Wie ist aber das SARS-CoV-2-Virus gegenüber der Grippe zu bewerten? Stimmt die Aussage der WHO, dass das SARS-CoV-2-Virus bis zu zehnmal tödlicher sei als die Grippe?

Nun, von Seiten der WHO, des Robert-Koch-Institutes und des Bundesgesundheitsministeriums wird das SARS-CoV-2-Virus gefährlicher als die Grippe eingestuft. Ansteckungsrate und die Mortalität seien auf jeden Fall höher. Hinzu kam, dass Ende 2020 immer noch kein Impfstoff gegen das SARS-CoV-2-Virus auf dem Markt war und somit die Menschen dem Virus ungeschützt ausgeliefert waren.

Trotzdem wurden die Fallzahlen fehlerhaft, wie bereits ausführlich beschrieben, evaluiert. Die Sterberate lag in 2020, bei Ausblenden der gemachten Fehler, eben nicht höher als die der Grippe. In allen Studien liegt die Obergrenze der Letalität bei SARS-CoV-2 um die 0,36% und im Durchschnitt bei ca. 0,2%. Die Wahrscheinlichkeit, an einer Grippe zu sterben, so die Aussage von RKI-Präsident Lothar Wieler, liege bei 0,1 bis 0,2 % (Quelle: Aerzteblatt.de, 27.02.2020;https://www.aerzteblatt.de/ nachrichten/109704/Robert-Koch-Institut-Sars-CoV-2-toedlicher-als-Influenzavirus; Ärzteblatt, Deutschland, Zugriff am 17.10.2020).

Somit gibt es keinen signifikanten Unterschied in der Sterberate zwischen der Grippe und Covid-19.

Auch wird gerne die Reproduktionszahl angeführt. Sie beschreibt, wie viele Menschen eine infizierte Person im Durchschnitt ansteckt. Sie kann allerdings nicht alleine als Definition für Wirksamkeit/Notwendigkeit von Maßnahmen herangezogen werden. Hier sind die absoluten Zahlen der täglichen Neuinfektionen sowie die Schwere der Erkrankungen zu berücksichtigen.

Die Basisreproduktionszahl eines Erregers wird mit „R0" (R-Null) bezeichnet. „R0" beschreibt, wie viele Menschen ein Infizierter im Durchschnitt ansteckt, wenn die gesamte Bevölkerung noch keine Immunität aufweist, kein Impfstoff zur Verfügung steht und/oder Maßnahmen zum Infektionsschutz getroffen wurden.

Hypothetisch würde bei R > 1, ohne Gegenmaßnahmen, die Infektionen rasch exponentiell ansteigen und erst dann stoppen, wenn bis zu 70 % der Bevölkerung, durch Infektion oder Erkrankung an SARS-CoV-2 immun wären und somit das Virus ihrerseits nicht mehr weiterverbreiten könnten.

Hierbei gilt:

-wenn R > 1, dann steigt die Anzahl täglicher
        Neuinfektionen;
-wenn R = 1, dann bleibt die Anzahl täglicher
        Neuinfektionen konstant;
-wenn R < 1, dann sinkt die Anzahl täglicher
        Neuinfektionen.

Bei SARS-CoV-2 ist das Ziel, R < 1 zu halten.

Die gemeldeten Daten zur Bestimmung der Reproduktionszahl liegen jedoch mit einem gewissen Meldeverzug vor. Um diesen Meldeverzug auszugleichen und aktuellen Werte von „R" ermitteln zu können, wird ein statistisches Zählverfahren (Nowcasting) vorgeschaltet. Nowcasting ist allerdings erst möglich, wenn der maximale Meldeverzug in einem Ausbruch bekannt ist. Dies war beim SARS-CoV-2 erst Ende März möglich. Anschließend wurde das Nowcasting-Modell über mehrere Tage angepasst und validiert. Die retrospektive Auswertung wurde erstmals am 9.4.2020 veröffentlicht und danach zweimal aktualisiert.

Seit dem 14.5.2020 werden zwei R-Werte dargestellt. Zum einen - wie bisher auch - der sensitive R-Wert und zum anderen ein zuverlässigerer 7-Tage-R-Wert. Der sensitive R-Wert bildet den Trend der Anzahl von Neuerkrankungen ab und weist somit auf mögliche Trendänderungen hin. Leider führt dies bei kurzfristigen Änderungen der Fallzahlen (einzelne Ausbruchsgeschehen oder die Summe vieler kleinerer Neuerkrankungen) zu sehr großen Schwankungen dieses sensitiven R-Wertes. Daher hat das RKI, seit dem 14.5.2020, zusätzlich das stabilere 7-Tage-R veröffentlicht, welches weniger den tagesaktuellen Schwankungen unterliegt. Das 7-Tage-R bildet somit Trends zuverlässiger ab, bezieht sich aber auf ein Infektionsgeschehen, das etwas länger als beim bisherigen sensitiven R-Wert zurückliegt. Grundsätzlich gilt bei dem R-Wert eine retrospektive Erfassung der Ereignisse in einem kürzeren bzw. längeren Zeitrahmen, wobei der längere Zeitrahmen durch die Mittelung eine Glättung aufweist und nicht unbedingt repräsentativ ist.

Anfang März betrug der geschätzte R-Wert bei 3,3 Er sank danach und stabilisierte sich, seit dem 22. März, auf 0,9 bis 1,0. Ab dem 30. März stieg R wieder an und lag ab April zwischen 0,9 und 1,2.

Im Vergleich dazu lag die Reproduktionszahl der Grippe in den Jahren 2017/18 bei ca. 2,0. Hier gab es weder einen Lock Down, Home Office oder eine Schließung von Fitness-Studios oder öffentlichen Einrichtungen (Schwimmbäder, Bibliotheken, Museen, etc.). Es gab zwar die Möglichkeit einer Impfung, aber die Mehrheit der Bevölkerung nutzt diese bis heute nicht!

Im schlimmen Grippewinter 2017/18, mit den meisten Todesfällen durch Influenza seit 30 Jahren(25.100), lag die Wirksamkeit bei lediglich 15 Prozent aller geimpften Personen. Bei der Grippeimpfung in 2018/2019 gab es eine Impfeffektivität von nur 21 Prozent sämtlicher geimpfter Personen.

Im Umkehrschluss bedeutet dies, dass in 2017/2018 von 100 geimpften Personen nur 15 durch Impfung geschützt waren und in 2018/2019, trotz Impfung, von 100 Personen nur 21 Personen vor der Grippe geschützt waren.

In 2018/2019 erhielten ca. 14,6 Millionen Menschen von ca. 83 Millionen Einwohnern in Deutschland eine Grippeimpfung (Zeitraum August bis Dezember 2018). Dies machte einen Bevölkerungsanteil von weniger als 20% aus!

Obwohl über 80% der Bevölkerung nicht gegen Grippe geimpft waren lag die Reproduktionszahl nur bei 2,0. Es gab weder eine Durchseuchung der Bevölkerung noch kam es zu Masseninfektionen bzw. Massenerkrankungen. Und dies ohne die einschneidenden Maßnahmen der Bundesregierung, wie es bei dem SARS-CoV-2 der Fall war.

Diese Beispiele sollen aufzeigen, wie absurd a) Grippeimpfungen sind und b) wie sinnlos der Lock Down und das damit einhergehende wirtschaftliche Desaster war, zumal bereits vor dem Lock Down R < 1 war!

Und „nein", es zeigt nicht(!), dass mehr Menschen in 2017/2018 gegen Grippe hätten geimpft werden müssen, sondern die Wirkungslosigkeit eines Impfstoffes gegen ein mutiertes Virus, welches bei der Produktion des Impfstoffes überhaupt noch nicht bekannt ist. Somit birgt die Grippeimpfung lediglich eine Wahrscheinlichkeitsabschätzung von auftretenden Virenmutationen.

Prof. Christian Drosten sagte in einem Interview beim NDR, dass es Jahre gäbe, eben Mismatch-Jahre, wo einfach im Influenzaimpfstoff (durch Zufall) - weil das Virus sich zwischendurch verändert hat - ein Impfvirus enthalten sei, welches nicht richtig passen würde. Es gäbe diese Ausfallsaisons, wo die Influenza-Impfung einfach nicht funktioniere. (Quelle: https://www.ndr.de/ nachrichten/info/19-Coronavirus-Update-Masken-koennen-andere-schuetzen,podcastcoronavirus150.html#MaskenFirefoxHTML\ Shell\Open\ Command; Deutschland, NDR, Zugriff 24.10.2020)

Es wäre übrigens interessant, wie viele Menschen, trotz Impfung, an der Grippe erkrankten. Schließlich gäbe es keine zuverlässige Impfung gegen Atemwegserkrankungen! So habe ich es zumindest in einem Vortrag von Prof. Dr. Sucharit Bhakdi verstanden. Dies ist logisch, denn dann hätten wir durch Impfung das Grippevirus längst ausgerottet.

Zusammenfassend ist hier nochmals im Vergleich festzustellen, dass das SARS-CoV-2 doch nicht tödlicher als die Influenza ist! Auch, wenn während der Krankheitsspitze viele Patienten beatmet werden mussten.

Auch die Argumentation „Die Covid-19-Impfung wird uns zukünftig schützen!" ist blanker Unsinn. Denn an der Grippeimpfung beteiligten sich den letzten Jahren weniger als 25% der Gesamtbevölkerung Deutschlands. Voraussichtlich würden sich auch nicht mehr Menschen zukünftig gegen das SARS-CoV-2-Virus impfen lassen - es sei denn, man würde eine Pflichtimpfung einführen.

Wobei es natürlich auch zu einer (Ironie an) „freiwilligen" Impf-Variante, wie bei der Masernimpfung kommen könnte. „Nicht freiwillig" geimpft?" ...

... schade, du darfst ohne Impfung nicht mehr im Gesundheitswesen arbeiten, wenn du nach 1971 geboren wurdest.

... schade, dein Kind darf nicht mehr in die Kita, wenn es nicht gegen Masern geimpft wurde.

... schade, dein Kind ist nicht gegen Masern geimpft, dann will ich nicht, dass es mit meinem Kind spielt, usw. (Ironie aus).

Diese Impfung wäre, wie die Grippe-Impfung, ein „Schuss ins Ungewisse", da auch hier mit einer jährlichen Mutation des Covid-19 zu rechnen wäre. Eine Pflichtimpfung wäre sinnlos, denn bei gleichen Ausgangsbedingungen, wie bei den Grippeviren (Mutationsrate), wären auch hier lediglich 15 bis 21 von 100 Personen gegen das Virus geschützt. Eine Impfung macht erst dann Sinn, wenn in der Bevölkerung mindestens 51% gegen ein Virus immunisiert werden und sich diese Immunisierung als erfolgreich erweist. Und davon sind wir noch weit entfernt. Und dies gilt sowohl für die seit Jahren bestehenden Grippe-Impfungen, als auch für eine eventuelle Covid-19-Impfung.

Außerdem werden der Lock Down, die einschneidenden Maßnahmen im persönlichen Umfeld (Masken, Distanz, Isolation, usw.), gerne mit der emotionalen „Psycho-Keule" verteidigt:

... man solle sich die Ausbreitung des SARS-CoV-2 in Italien, Spanien und den USA anschauen.

„... schaut euch die dramatische Situation und die Bilder in anderen Ländern an. Wollt ihr hier bei uns auch so etwas?"

„...wollt ihr überlastete Krankenhäuser mit überfüllten Intensivstationen, wie in Italien haben?"

In Bezug auf die Intensivstationen ist zu sagen, dass Deutschland 2,5-mal mehr Intensivbetten als Italien hat und deswegen auch ein höheres Aufkommen an Intensiv pflichtigen Patienten aufnehmen kann.

Betrachten wir Italien als Beispiel einmal genauer, so sind in Norditalien die Krankenhäuser in jedem Winter bis zu 90% ausgelastet. In diesem Zusammenhang muss auch darauf hingewiesen werden, dass Italien sowohl die höchste Antibiotikaresistenz in ganz Europa hat, als auch eine hohe Luftverschmutzung, die die Infektanfälligkeit von Lungenerkrankungen drastisch erhöht. Und folglich auch einen guten Nährboden für das SARS-CoV-2 ist.

In Spanien wurden im Februar/März 2020 Zelte vor den Kliniken gefilmt, in denen Covid-19-Patienten aufge-nommen und behandelt wurden. Es wurde der Eindruck erweckt, dass die Krankenhäuser mit Covid-Infizierten überfüllt wären und man jetzt noch ergänzend auf Zelte ausweichen müsse. Tatsache war, dass die Klinikstatio-nen mit Grippe-Patienten überfüllt waren und für die „wenigen" Covid-19-Patienten keine Betten mehr vor-handen waren. Gleiches galt für die USA.

Betrachtet man aber Bilder aus 2018 die von der Grip-pewelle stammen, so finden sich gleiche Szenarien wie-der, wie dies im März und April 2020 bei der Covid-19-Pandemie der Fall war. Hier standen auch diese Zelte vor den spanischen Kliniken und die Aufnahmen waren überfüllt.

Wegen des Grippevirus hat Spanien jedes Jahr mit über-lasteten Notaufnahmen und Intensivstation zu kämpfen. Sogar noch im Februar 2020 klagten Pflegekräfte in Spanien über extreme Belastungen und schlechte Ar-beitsbedingungen aufgrund der vorhandenen Influenza.

Somit war die Überfüllung von Krankenhäusern in 2020 nicht nur auf das SARS-CoV-2 zurückzuführen.

Viele Krankenhäuser stoppten sogar ihre geplanten Operationen und bestellten Patienten ab, weil hier auf eine zweite Covid-19-Welle gewartet wurde. Krankenhäuser schafften damit zusätzlich freie Bettenkapazitäten. Diese Kapazitäten wurden aber nie benötigt, da keine zweite Welle erfolgte. Ab Juli 2020 kehrte wieder Normalität in den Krankenhäusern ein und die Betten wurden wieder ganz normal belegt. Die Covid-19-Betten wurden in der Vorhaltung reduziert.

Auch die ab Oktober 2020 postulierte zweite Welle war lediglich eine den Witterungsbedingungen geschuldete Zunahme von viralen Infektionen, wie ab Herbst eben immer Erkältungskrankheiten zunehmen. Aber die Bundesregierung verhängte einen Teil-Lock Down. Dieser zweite „Kleine Lockdown" im November 2020 war unnötig.

Aber es gab doch vermehrt Covid-19-Infizierte? Nicht unbedingt. Die PCR-Tests wiesen nur steigende Zahlen von Menschen nach, die mit genetischem Erbgut des Covid-19 in Kontakt gekommen waren. Ein PCR-Test ist nämlich dann auch noch positiv, wenn man vor 3 oder 4 Monaten infiziert war und jetzt völlig genesen ist. Näheres dazu im folgenden Kapitel.

3. Der PCR-Test

Der Nachweis der Infektion durch das SARS-CoV-2-Virus läuft über Abstriche aus dem tiefen Rachen-Nasen-Raum. Bei Abstrichen ist zu beachten, dass für den Virusnachweis geeignete Tupfer verwendet werden („Virustupfer" mit entsprechendem Transport-Medium oder notfalls trockene Tupfer mit kleiner Menge NaCl-0,9%-Lösung) und alle Proben das Labor schnellstmöglich nach Entnahme erreichen sollten. Erfolgt dies voraussichtlich erst innerhalb von 72 Stunden, kann die Probe bei +4°C gelagert werden und sollte auch nach Möglichkeit gekühlt versendet werden.

Ist jemand mit dem Corona-Virus infiziert, haftet am Abstrich ein Teil des viralen Erbgutes. Der Abstrich wird dann in ein zertifiziertes Labor gebracht und dort durch einen molekularen Test analysiert. Das Testgerät vervielfältigt das genetische Material der Probe in mehreren Zyklen und durch den Einsatz fluoreszierender Stoffe wird dann erkannt, ob die gesuchten Gensequenzen des Virus vorliegen oder nicht. Liegen diese vor ist der Patient „Covid"-positiv; liegen sie nicht vor, dann ist er „Covid"-negativ.

Die vollständige Bezeichnung dieses Tests lautet: "Real-time Reverse Transkriptase Polymerase-Kettenreaktion" (abgekürzt RT-PCR oder auch kurz PCR genannt).

Mittlerweile steht eine Reihe von kommerziellen Testsystemen zur Verfügung. Grundsätzlich ist, laut Robert-Koch-Institut, eine Testung dann indiziert, wenn aufgrund von Anamnese, Symptomen oder Befunden ein Verdacht auf eine SARS-CoV-2-Infektion besteht.

In diesem Zusammenhang werden an die Tests, im Hinblick auf den positiven Vorhersagewert, hohe Anforderungen gestellt. Hier sind die für einen Test vorliegenden Daten zu den Leistungsparametern entscheidend.

Die verwendeten Targets (Zielgene) können sich zwischen verschiedenen Testsystemen, sowie innerhalb eines Testsystems (beispielsweisebei "Dual Target"-Tests) in ihrer analytischen Spezifität und Sensitivität unterscheiden.

Bei abweichenden Ergebnissen der Diagnostikwerte innerhalb eines Tests bzw. unklaren oder unplausiblen Ergebnissen der PCR-Testung (z.B. fehlerhafte grafische Darstellung bei der Testanalyse) soll eine sorgfältige Bewertung und Validierung durch einen in der PCR-Diagnostik erfahrenen und zur Durchführung der Diagnostik ermächtigten Laboratoriumsmediziner erfolgen. Ggf. muss zur Klärung eine geeignete laborinterne Wiederholung mit einem anderen Testsystem erfolgen oder eine neue Probe angefordert werden. Der Befund soll schließlich eine klare Entscheidung im Hinblick auf die Meldung ermöglichen.

Aufgrund der zig-tausend Untersuchten PCR-Tests waren in den Monaten April und Mai 2020 die Laboratorien an ihre maximale Auslastung angelangt. Hier ist, aufgrund dieser hohen Auslastung zu hinterfragen, ob die fehlerhaften PCR-Tests a) als solches überhaupt erkannt wurden und b) ob in diesem Fall auch wirklich ein zuverlässiger Wiederholungstest durchgeführt wurde.

Es wäre ein Skandal, wenn falsch positive Tests in der Überlastungsphase als korrekt positive Tests durchgegangen wären.

Natürlich schließt auch ein negatives PCR-Ergebnis eine Covid-19-Infektion nicht aus. Falsch-negative Ergebnisse können aufgrund schlechter Qualität der Probenentnahmen, unsachgemäßem Transport oder ungünstigem Abnahmezeitpunkt (noch zu geringe Viruslast beim Patienten), nicht ausgeschlossen werden. Wenn ein Patient mit begründetem Verdacht auf SARS-CoV-2 -Infektion (Lungenentzündung) negativ getestet wird, sollte mit dem Labor eine erneute Probenentnahme und -untersuchung abgesprochen werden.

Nach dem Kenntnisstand (RKI; Stand vom 03.07.2020), lässt ein serologischer Nachweis von SARS-CoV-2-spezifischen Antikörpern keine eindeutige Aussage zur Infektiosität oder dem Immunstatus eines Getesteten zu.

Im Juli 2020 wurden Schnelltests zum qualitativen Nachweis von Antikörpern (IgG, IgM) gegen SARS-CoV-2 Antigen in so genannten „Lateral Flow Assay-Formaten" angeboten. Es wurde und wird hier abgeraten, das Ergebnis eines alleinigen Antikörpertests als Kriterium für eine Diagnosestellung einzusetzen. Die WHO empfahl bis 2020 den Einsatz von immuno-diagnostischen Schnelltests derzeit nur im Kontext von Forschungsprojekten.

Ein weiteres Schnelltestformat basiert auf dem Nachweis des viralen Proteins in Proben aus den Atemwegen. Auch hier rät die WHO von der Anwendung dieses Tests außerhalb von Forschungsprojekten ab.

Ursachen sind hier die evtl. falsch positiv oder falsch negativ angezeigten Ergebnisse.

Auf der Seite des RKI konnte man lesen, dass bei den derzeit am Markt befindlichen serologischen Tests, bei einmaliger Untersuchung, nicht ausreichend sicher festgestellt werden könne, ob wirklich eine akute Infektion vorläge. Der einmalige Nachweis von Antikörpern (IgM und IgA) ließe nicht sicher auf eine akute Infektion schließen. (Quelle: https://www.rki.de/DE/Content/InfAZ/N/Neuartiges_Coronavirus/Vorl_Testung_nCoV.html;jsessionid=F6D5CF5BD9A0EAF12340933EF6C66F8A.internet121#doc1349098 2bodyText1, RKI, Deutschland, Zugriff 10.11.2020; Seite wurde zwischenzeitlich immer wieder aktualisiert!)

Wurde hier gerade offiziell zugegeben, dass PCR-Tests falsch positive Ergebnisse bzw. unsichere Ergebnisse liefern können?

Räumte das RKI ein, dass die PCR-Tests fehlerhaft sein könnten und man sich hier lieber auf die klinische Diagnostik verlassen solle?

Dies wäre verständlich, denn kein Testverfahren ist absolut sicher. Außerdem wurde der zum Einsatz kommende RT-PCR-Test amtlich nie validiert (Stand Juli 2020).

Der RT-PCR-Test wurde 1984 von dem amerikanischen Biochemiker namens Kary Mullis entwickelt und sollte helfen Lungenkrebs zu diagnostizieren. Kary Mullis, sagte zu seiner eigenen Erfindung, dass dieser Test nicht zur Diagnose von Infektionskrankheiten verwendet werden solle.

Dies ist logisch, denn Lungenkrebs ist nicht ansteckend. Und der Nachweis von Genmaterial bedeutet auch nicht, dass man Überträger von Irgendetwas ist, geschweige denn erkrankt ist. Hierfür bedarf es umfangreichere und aufwendigere Diagnostika in der Klinik.

Letztendlich ist dieser RT-PCR-Test nichts anderes als ein Test, welcher einen Marker für entzündliche Lungenerkrankungen beinhaltet. Somit kann jemand, der ein verändertes Lungengewebe (Lungenparenchymdefekt, Lungenfibrose, entzündetes Lungengewebe, etc.) besitzt mit einem RT-PCR-Test „positiv" getestet werden und ist noch lange nicht SARS-CoV-2 infiziert. Dies ist auch bei Testreihen aufgefallen, bei denen Patienten mit einer klassischen Bronchitis positiv getestet wurden. Der RT-PCR-Test testet nicht gezielt auf das Covid-19, sondern ausschließlich auf spezielles Genmaterial des Menschen (Nukleotide) im tiefen Rachenraum auf das der Marker des Tests positiv reagiert.

Fazit: der Test erkennt nicht nur aktive infektiöse Viren, sondern u.a. auch Spuren nichtinfektiösen Materials.

Und woher kommen die plötzlich vielen Infizierten? Nun, neben der Zunahme der Testfehler wurde seit Herbst 2020 in Deutschland pro Woche dreimal mehr getestet als im Frühjahr 2020. Wer aus diesem Sachverhalt eine Zunahme des Infektionsgeschehens postuliert führt die Menschen in die Irre und sorgt für Verunsicherung auf ganzer Linie!

Im Medizinreport des Deutschen Ärzteblattes (Dtsch Ärztebl 2020; 117(24): A-1194 / B-1010) erschien ein Artikel unter der Überschrift „PCR-Tests auf SARS-CoV-2: Ergebnisse richtig interpretieren.

In diesem heißt es, dass allein im Verband der Akkreditierten Labore in der Medizin pro Woche zwischen 270 000 (KW 18) und 365 000 (KW 20) PCR-Tests auf SARS-CoV-2 durchgeführt würden. Da kein Test 100-prozentig sicher sei, müsse das dem Betroffenen mitzuteilende Testergebnis in seinem Kontext interpretiert werden. Dies sei umso wichtiger, je höher in einer Population die Erkrankungswahrscheinlichkeit sei. Daher empfehle man bei Patienten mit initial negativem PCR-Test, aber begründetem Verdacht auf eine SARS-CoV-2-Infektion eine Wiederholung des Tests. Hier stellt sich die Frage: soll dann solange getestet werden bis die betreffende Person endlich „positiv" ist?

An dieser Stelle soll auch auf die fachlichen Expertisen zum RT-PCR-Test von Prof. Dr. Ulrike Kämmerer, Prof.

Dr. Stefan Hockertz und Prof. Dr. Sucharid Bhakdi hingewiesen werden.

Bei dem PCR-Test wird auch immer von einem Covid-19-Test gesprochen. Auch wird davon gesprochen, dass Covid-19 sehr infektiös sei. Robert Koch (1843 bis 1919) erstellte die „Henle-Koch'schen-Postulate", die in ihrer Gesamtheit erfüllt sein müssen, um zu beweisen, dass ein pathogener Mikroorganismus der Erreger einer Infektionskrankheit sei.

Danach muss der Erreger regelmäßig im erkrankten Organismus nachgewiesen werden können und in vitro in Reinkultur angezüchtet werden können. Weiterhin muss sich bei einer experimentellen Infektion eines empfänglichen Makroorganismus mit einer Reinkultur des Erregers die typische Krankheit ausbilden, und der Erreger muss sich aus dem experimentell infizierten Makroorganismus wieder in Reinkultur anzüchten lassen. Hinzu kommt, dass für fakultativ pathogene Bakterien, Pilze und Viren noch **weitere** Infektionsmarker bestimmt werden.

Diese „Henle-Koch'schen-Postulate" sind bis heute gültig und müssen in der Wissenschaft „per definitionem" eingehalten werden. In Bezug auf Covid-19 ist keine einzige dieser so genannten „Henle-Koch'schen Postulate" erfüllt worden.

Ein Skandal in der PCR-Test-Geschichte ist, dass seit Oktober 2020 die Gesundheitsämter überhaupt keine Laborwerte der „positiv" Getesteten übermittelt bekommen (Stand November 2020). Warum ist das so? Weil nicht jeder Mensch, der auf Covid-19 „positiv" getestet wurde auch wirklich positiv ist. Die US-amerikanischen Centers for Disease Control (CDC) teilten offiziell mit, dass jemand noch drei Monate nach einer durchlaufenen Covid-19-Infektion (diese muss noch nicht einmal bemerkt worden sein, weil das eigene Immunsystem sehr wohl diese Infektion schnellstens gemeistert hat) „positiv" sein kann, obwohl er gar nicht mehr infiziert ist.

Ein wichtiger Hinweis, ob jemand „positiv" ist, liefert hier der Ct-Wert bei der Testung. Dieser Laborwert zeigt an, wie viele Zyklen ein PCR-Test durchlaufen musste, um ein positives Ergebnis zu zeigen. Je höher der Ct-Wert, desto weniger Virusmenge ist im Organismus. Ab einem Ct-Wert von 30 ist in der Regel gar kein vermehrungsfähiges Virus mehr vorhanden. In Deutschland durchläuft der PCR-Test ca. 40 Zyklen (Ct-Wert 40; Stand 11/2020). Somit werden nach diesen Zyklen bei Menschen, die mit dem Covid-19-Virus in Kontakt gekommen sind RNA-Fragmente gefunden. Folglich sind viele Tests zwar „positiv", aber die Personen sind, aufgrund des Ct-Wertes überhaupt nicht infektiös oder tragen überhaupt kein aktives Virus mehr in sich, sondern nur noch „Virenmüll". Sie hatten lediglich vor Monaten eine Infektion durchgemacht und sind wieder gesund. Da die Gesundheitsämter diese Ct-Werte aber nicht mitgeteilt bekommen, bleibt diesen nichts anderes übrig als „positiv" Getestete auch als „infektiös" einzustufen und in Quarantäne zu schicken.

Achtung: jetzt kommt eine richtige Verschwörungstheorie - oder ist es doch keine?

Menschen erfahren ab Oktober/November 2020 einen grippalen Infekt. Schließlich beginnt wieder die Grippesaison. Diese Menschen haben in 2020 auch Kontakt mit dem Coronavirus gehabt. Ihr Immunsystem hat längst Antikörper gegen Covid-19 gebildet, aber sie haben noch RNA-Sequenzen (Virenmüll) in ihrem Körper.

Sie gehen wegen ihrer Erkältung zum Hausarzt oder in ein Krankenhaus. Dies tun sie, weil sie durch die Medien und die Regierung sensibilisiert wurden und Angst haben sich mit Covid-19 (wieder) infiziert zu haben. Im Krankenhaus wird routinemäßig ein Corona-PCR-Test durchgeführt. Durch das Durchlaufen des PCR-Tests (bis zu 40 Sequenzen) wird immer noch diese RNA-Sequenz nachgewiesen, und sie werden als „Covid-19-positiv" identifiziert.

Noch einmal: diese Menschen sind weder Covid-19 infiziert, noch infektiös oder erkrankt. Es wurde nur Virenmüll im Organismus nachgewiesen. Sie haben lediglich einen grippalen Infekt.

Was wäre, wenn die Bevölkerung in Wirklichkeit schon längst eine Durchseuchung mit Covid-19 erfahren hätte, jetzt wieder die winterliche Grippewelle anrollt, und die zur Routine gewordenen PCR-Tests lediglich den Virenmüll bestätigen würden? Genau, die Zunahme an Infektionen wären Menschen mit grippalem Infekt, würden aber, aufgrund des pseudo-positiven PCR-Tests, den Covid-19-Infizierten zugeordnet! Hurra! Und schon steigt die Covid-19-Infiziertenrate wieder! Wäre dies vielleicht der Grund, warum die Zahlen seit Oktober 2020 wieder gestiegen sind, ein Teil-Lockdown verhängt wurde und vor Weihnachten sogar ein weiterer verschärfter Lockdown erwartet wird?

Was wäre bei diesem Szenario, wenn ein Grippepatient mit positivem PCR-Test verstirbt? Wird er dann auch zu den Covid infizierten Toten gerechnet?

Das Problem liegt in der statistiklichen Erhebung und wie mit den validierten Zahlen gearbeitet wird.

Und, da das PCR-Testverfahren weltweit gleich angewandt wird und die saisonalen Erkältungskrankheiten weltweit wieder zunehmen, wären auch wachsende Zahlen von „Infizierten" (Grippe nicht Covid-19!) auf der gesamten Welt die Folge.

Grundsätzlich sollte jeder Mensch, der einen Infekt der Atemwege aufweist und bei dem ein positiver PCR-Test nachgewiesen wurde, auch gleichzeitig einen Immuntest auf Covid-19-Antikörper durchführen lassen (Blutuntersuchung der IgG-Antikörper nach anerkanntem ELISA-Verfahren). Wenn hier Antikörper in ausreichender Zahl nachgewiesen werden, wird zwar durch den PCR-Test bestätigt, dass der Kontakt mit dem Covid-19-Virus (Virenmüll) nachgewiesen wurde, der Patient aber eine Covid-19-Infektion durchlaufen hat. Also hat er folglich einen grippalen Infekt und kein Covid-19, oder?

Was würde passieren, wenn bereits eine gute Durchseuchung der Bevölkerung stattgefunden hätte? Wäre dann eine Impfung überflüssig? Das Immunsystem hat bereits erfolgreich reagiert und Antikörper gebildet. Eine Impfung wäre somit nur noch für die extrem gefährdete Altersgruppe (wenn überhaupt) notwendig. Das wäre jedoch für die Pharmaindustrie eine Katastrophe. Schließlich wurden Milliarden an Geldern für die Impfstoffforschung ausgegeben. Würde die Politik in so einem Fall „zurückrudern" und die bestehende Isolationspolitik, oder die bereits in Gang gesetzte Impfpolitik aufgeben? Würde die Zahl zunehmender Atemwegserkrankungen in unserem Szenario weiter dem Covid-19 zugeordnet? Schließlich geht es hier um wirtschaftliche Interessen, um Milliarden an Geldern und um die Wahrung der Gesichter der Politiker. Würde die Regierung den „Druck im Kessel", mit den steigenden Fallzahlen von Atemweg-

serkrankungen, weiter aufbauen, um das Impfprogramm
- ohne Rücksicht auf Verluste - durchzusetzen??

Hoffen wir einmal, dass das oben geschilderte wirklich
nur eine Verschwörungstheorie ist.

Übrigens: Wie könnte man herausfinden ob man sich
impfen lassen sollte oder nicht? Indem man einen IgG-
Antikörper-Test durchführen lässt. Bei ausreichendem
Titter ist eine Impfung überhaupt nicht mehr notwendig.

4. Rachenabstrich und Nasenabstrich

Da der ausschließliche tiefe Rachenabstrich deutlich
Fehlergebnisse lieferte, wird dieser durch einen tiefen
Nasenabstrich ergänzt. Angeblich sei der tiefe Nasenabstrich effektiver, da dort die Schleimhaut sowohl besser
durchblutet sei, als auch das dort vorhandene Keimmi-
lieu bessere Resultate liefern würde.

Die Schwachstelle an der Teststelle im tiefen Nasenraum
ist jedoch das sehr empfindliche Nasendach.

Der Mensch besitzt dort nur eine sehr dünne Knochen-
platte, welche den Riechkolben (Bulbus olfactorius), von
weichem Gewebe durchzogen (olfaktorisches Epithel),
beinhaltet. Sollte durch ein unsensibles Abstreichen dieses Gewebe verletzt werden, so kann es dort zu bakteriel-
len Entzündungen kommen.

Außerdem wird durch die Schädigung im Bereich des
Nasendaches ein direkter Zugang zum Gehirn frei und
kann somit auch zu tiefer liegenden Infektionen führen.
Dies bedeutet, dass Bakterien und Viren in den Bereich
der Hirnhaut vordringen können und dort eine Hirn-
hautentzündung (Meningitis) verursachen. Bei spätem

Erkennen solch einer Infektion kann diese sich weiter ausbreiten und es kommt zu einer Gehirnentzündung (Enzephalitis) bei der mit weiteren schweren neurologischen Ausfällen zu rechnen ist.

Die Funktion des Riechkolbens mit seinem olfaktorischem Epithel ermöglicht es uns feinste Düfte wahrzunehmen. Ist dieses Gewebe durch solch einen Abstrich geschädigt worden, so kommt es zu einer Riechminderung. Folglich können wir bestimmte Gerüche, die wir als akute Gefahr einstufen, nicht mehr sofort riechen. Jedoch geht es nicht um die Einschränkungen des Riechorgans, sondern vielmehr um die möglichen Infektionsfolgen eines „Standardabstriches" durch unsachgemäße, hastige, unvorsichtige oder zu kräftige Handhabung.

Viele Patienten stellten kurz nach dem Nasenabstrich Riechstörungen fest. Kam diese Störung wirklich von dem Nasenabstrich durch kurzfristige Schädigung des Epithelgewebes oder war dies eine Nebenwirkung der Covid-19-Infektion?

Gravierend ist auch die Tatsache, dass im Krankenhaus oder in der Arztpraxis eine Mundschutzpflicht besteht. Somit atmen die Menschen, kurz nach dem Abstrich, wieder durch ihre Maske. Diese ist aber nach kürzester Zeit mit Bakterien und eigener Mund-Nasen-Flora durchtränkt. Und da die meisten Menschen mit einer Maske in Klinik oder Arztpraxis kommen, besteht, bei auch nur leichtester Verletzung des Nasendaches ein erhöhtes Infektionsrisiko. Durch die Luftströme beim Ein- und Ausatmen entsteht im Nasenbereich ein Infekt, dessen Keime sich wiederum, eben durch die Atmung, in den gesamten Atemwegen verteilen.

Betrachtet man die möglichen Folgen weiter, so besteht durchaus die Möglichkeit einer erhöhten grippalen Infektionswelle bei den Getesteten in der jeweiligen Grippesaison, verursacht durch die Abstriche, auch, wenn diese steril waren. Es kam hier zu einer Barriere-Verletzung. Die weiteren Folgen solch einer Infektionswelle wäre wieder die Behandlung von Erkältungskrankheiten, wieder das Tragen von Masken und wieder eine Abstandsregelung, damit die Menschen sich nicht immer und immer wieder gegenseitig anstecken. Diesmal nicht durch ein SARS-Virus verursacht, sondern durch „Bagatell-Infektionen".

Wird durch dieses erweiterte Testverfahren die Bevölkerung wirklich gefährdet?

5. Die Maskenpflicht

Anfang Mai 2020 teilte das Robert-Koch-Institut mit, dass eine Mund-Nasen-Bedeckung aus Stoff im Alltag ausreichend sei. Dieser Stoff-Mundschutz könne ein zusätzlicher Baustein sein, um die Ausbreitungsgeschwindigkeit von Covid-19 in der Bevölkerung zu reduzieren. Allerdings sei dies nur der Fall, wenn die Abstands-, Husten- und Niesregeln, sowie eine gute Händehygiene eingehalten würden. An dieser Stelle muss aber auch darauf hingewiesen werden, dass, wenn Abstands-, Husten- und Niesregeln eingehalten werden, es erst gar keines Mundschutzes bedarf.

Außerdem bieten die einfachen Stoffmasken keinen Schutz, wie dies eine OP- oder FFP-Maske bietet. Das Bundesinstitut für Arzneimittel und Medizinprodukte wies auch im Mai 2020 darauf hin, dass Stoffmasken nicht vor einer Übertragung von SARS-CoV-2 schützen, da für diese Masken keine entsprechende Schutzwirkung nachgewiesen wurde. Man kann, aufgrund der Beschaffenheit der Masken, diese eher mit einem Maschendrahtzaun zum Schutz gegen Fliegen vergleichen. Somit scheiden die selbst genähten Stoffmasken für Covid-19-Virusträger als Schutz der Virusverbreitung aus.

Manche wissenschaftlichen „Experten" sind der Auffassung, dass Stoffmasken für gesunde Menschen ausreichen, wobei die absurde Begründung hierin gipfelt, dass an Covid-19 erkrankte Menschen sowieso zu Hause in Quarantäne blieben. In Corona-Zeiten gibt es so manche fragwürdige wissenschaftliche Erkenntniss.

Übrigens: im Gegensatz zu diesen Stoffmasken sind die qualitativ hochwertigen medizinischen „OP-Masken" stark saugfähig, leiten die Atemfeuchte nach innen in das Fließ, halten dort die Feuchtigkeit fest und sind nach außen Flüssigkeit abweisend. Diese professionellen Gesichtsmasken sind nicht zum Schutz vor Ansteckungen durch andere Personen entwickelt worden, sondern sollen verhindern, dass potentiell infitiöse Tröpfchen aus dem Atemtrakt von Chirurgen in das Operationsgebiet gelangen.

Auch wird immer wieder empfohlen die Stoffmaske in die Waschmaschine zu packen und dort bei 90 Grad zu waschen (Kochwasch-Programm).

Grundsätzlich muss so eine Stoffmaske, damit sie überhaupt ein wenig diesen fraglichen Schutz bieten kann, wegen der Gefahr der Durchfeuchtung durch den eigenen Atem, am Tag mehrmals gewechselt werden. Hinzu kommt noch die Kontamination durch die eigenen „Hauskeime", die jeder Mensch rein physiologisch mit und in sich trägt. Durch das Rückatmen aus der Maske gelangt die ausgeatmete eigene Keimflora wieder zurück in die Atemwege. Somit wird die eigene Keimflora um ein Vielfaches erhöht und das eigene Immunsystem mehr belastet. Daher klagen Menschen auch bei längerem Tragen über ein Anschwellen der Nasenschleimhäute, Reizhusten und dezente Halsschmerzen. Somit benötigt ein Mensch, der meint sich durch so eine vermeintlich „sichere" Stoffmaske schützen zu müssen, mindestens 3 Masken zum Wechseln - und zwar pro Tag! Dies wären dann mindestens 21 Stoffmasken pro Woche. Berücksichtigt man dabei, dass Stoffmasken nach der Wäsche noch trocknen müssen, um sie überhaupt wieder benutzen zu können, so sind wir bereits bei 23 Stoffmasken pro Woche, die man besitzen müsste. Vorausgesetzt man wäscht nur 1x die Woche Kochwäsche. Unabhängig von dem zu hinterfragenden Schutz ... wer bitte hat 23 Stoffmasken zu Hause, wenn er nicht gerade ein leidenschaftlicher Sammler dieser Mundzwille ist?

Schaut man sich die Realität an, so besitzen 80% der Stoffmaskenträger maximal 2 bis 3 Masken, wobei eine Maske im Durchschnitt sogar bis zu 5 Tage genutzt wird.

In der Patientenaufnahme von klinischen Notaufnahmen fiel auf, dass bei 65% der dort eintreffenden Patienten die getragenen Stoffmasken von innen dezente Verfärbungen (Plaque) aufwiesen. Somit gehören Stoffmasken nicht nur zu der falschen Schutzausrüstung, sondern gehören in die Kategorie „Keimschleuder". An dieser Stelle sollte die Idee des Tragens von Stofftüchern oder Schals als Schutz vor Covid-19-Infektionen keine großartige Erwähnung finden, außer: „sinnloser Maschendrahtzaun". Gut für die Psyche, gut für ungehindertes Eindringen des Covid-19-Virus in den Organismus.

Diese absurde Stoffmasken-Idee kam übrigens am Anfang der Pandemie auf, weil es zu Lieferengpässen von professionellen Mundschutzen gab, das vorhandene Produktangebot überteuert war und hier nach einer psychologischen Schutz-Alternative gesucht wurde. Es ist verständlich, dass die durch das RKI und die Bundesregierung geschürte Infektionsangst im März/April 2020 die Menschen dazu bewegte sich hektisch Alternativen zu überlegen. So kamen auch Bastler auf die Idee FFP-Masken aus Staubsaugerbeuteln herzustellen oder sogar aus Kaffeefiltern einfache Mundschutze zu basteln. Aber hektisches Treiben ersetzt eben nicht geistige Windstille.

Hatte anfangs sogar noch die Bundesregierung im April 2020 empfohlen die professionellen FFP-Masken bei 70 Grad Celsius im Backofen (bei Trockenoberhitze, keine Umlufthitze) aufzubereiten, so wurde dies alsbald vom Bundesinstitut für Arzneimittel und Medizinprodukte (BfArM), als ungeeignet eingestuft. Dieses Erhitzen, so das BfArM, ist nicht ausreichend genug, um eine vollständige Inaktivierung infektiöser Viruspartikel auf den inkubierten Masken zu erzielen und forderte deshalb, das aktuelle Aufbereitungsverfahren unverzüglich zu beenden. Bundesgesundheitsminister Jens Spahn und Bundesarbeitsminister Hubertus Heil hatten in dem Aufbereitungsverfahren eine sichere Lösung gesehen, um für mögliche Masken-Lieferengpässe gewappnet zu sein. Diese Lösung wurde somit relativ rasch zerschlagen. (Quelle: https://www.merkur.de/leben/gesundheit/mundschutz-stoffmaske-bietet-keinen-erwiesenen-schutz-wird-trotzdem-empfohlen-zr-13507842.html; Zeitschrift Merkur, Deutschland, Zugriff 20.10.2020)

Im April 2020 äußerte sich der Virologe Christian Drosten zum Thema Mundschutz wie folgt:

In seinen Augen ergäbe eine Maske nur für diejenigen Sinn, die eine Atemwegserkrankung hätten. Je weiter man von einem Menschen entfernt sei, der das Covid-19-Virus in sich trägt, desto feiner sei das Aerosol dem man beim Ausatmen, Husten oder Niesen von dieser Person ausgesetzt wäre. Dieses Aerosol würde auch automatisch seitlich in die Maske beim Einatmen eingesaugt. Dabei sei es egal, ob man selbst versuche nur von vorne in den Mund einzuatmen. Deswegen solle die Maske am besten von den „Virensendern" und nicht von den „Virenempfängern" getragen werden. Droste führte weiter aus, dass dies sicherlich eine vollkommen einleuchtende Überlegung sei. (Quelle: https://www.ndr.de/nachrichten/info/19-Corona virus-Update-Masken-koennen-andere-chuetzen/podcastcoronavirus150.html#MaskenFirefoxHTML\ Shell\ Open\ Command, NDR, Internet, Deutschland, Zugriff 25.10.2020).

Auch Dr. Martin Hoch von der Task Force Infektiologie des bayerischen Gesundheitsministeriums sah keinen Sinn darin, als gesunder Mensch einen Mundschutz zu tragen. Einen wesentlich effektiveren Schutz sieht er in dem regelmäßigen Händewäschen und dem Niesen und Husten in die Armbeuge und nicht in die Handinnenfläche.

Unabhängig von Sinn und Unsinn der Masken muss auch auf die Rückatmung des Kohlendioxids bei Tragen von Masken hingewiesen werden.

So gab es bereits in 2004 die Studie „Rückatmung von Kohlendioxid bei Verwendung von Operationsmasken als hygienischer Mundschutz an medizinischem Fachpersonal" von Ulrike Butz am Institut für Anaesthesiologie der Technischen Universität München, Klinikum rechts der Isar.

Hier wurde festgestellt, dass die Ansammlung von Kohlendioxid unter Operationsmasken bei normal atmenden Personen durch die beeinträchtigte Durchlässigkeit der Masken verursacht wird. Diese Effekte wurden an zwei verschiedenen Masken und 15 gesunden, männlichen Probanden getestet. Es wurden drei verschiedene Testreihen durchgeführt, wobei eine Testreihe mit dem Maskentyp 1 (3M® OP-Maske 1810 F), eine zweite Testreihe mit Maskentyp 2 (Surgine® 4238 Antifog Gesichtsmaske), sowie eine dritte Testreihe ohne chirurgische Operationsmaske vollzogen wurde. Jeder Proband nahm an jeder Testreihe in zufälliger Reihenfolge teil. Vor dem Aufsetzen der Maske, zu acht Zeitpunkten während 30 Minuten Tragedauer und 5 Minuten nach Entfernen der Maske, wurden der Kohlendioxidwert, die Atemfrequenz, die Herzfrequenz und die pulsoxymetrische Sauerstoffsättigung gemessen. Die Ansammlung von Kohlendioxid (22,49 mmHg, STEV 2,30) unter jeder untersuchten chirurgischen Operationsmaske erhöhte den transkutan gemessenen Kohlendioxid-Partialdruck (5,60 mmHg, STEV 2,38). Eine kompensatorische Erhöhung der Atemfrequenz oder ein Abfall der Sauerstoffsättigung wurde dabei nicht nachgewiesen.

Eine Erhöhung des Kohlendioxid-Gehalts im Blut kann Ursache eingeschränkter kognitiver Fähigkeiten sein. Wissenschaftler, wie Van der Post beschreiben eine Zunahme der Reaktionszeiten bei Hypoxämie. (Quelle: Van der Post J, Noordzij M, de Kam ML. Evaluation of tests of central nervous system performance after hypoxemia for a model of cognitive impairments. J Psychopharmacol 2002; 16(4):337-43).

Noble, Jones und Davis untersuchten ebenfalls die kognitive Leistung unter moderater Hypoxämie und berichteten von einer Abnahme psychomotorischer Fähigkeiten, einer Steigerung der Reaktionszeit und einer insgesamt eingeschränkten kognitiven Leistungsfähigkeit. (Quelle: Noble J, Jones JG, Davis EJ.Cognitive function during moderate hypoxaemia.Anaesth Intensive Care 1993; 21:180-4).

Auch Fothergill untersuchte den Effekt eines erhöhten CO_2- Partialdruckes auf das Nervensystem und bewies eine Abnahme der Geschwindigkeit und der Genauigkeit beim Lösen von psychomotorischen Aufgaben. (Quelle:

Fothergill DM, Hedges D, Morrison JB. Effects of CO_2 and N_2 partial pressures on cognitive and psychomotor performance.UnderseaBiomed Res 1991; 18:1-19).

Da ein erhöhter Kohlendioxidgehalt im Blut somit nachweislich verschiedene Hirnfunktionen einschränken kann, soll diese Studie Hersteller von chirurgischen Operationsmasken aufrufen, Filtermaterialien mit höherer Permeabilität für Kohlendioxid zu verwenden. Dies sollte dazu führen, dass ein verminderter CO_2-Aufstau entsteht und die damit verbundene Rückatmung von erhöhtem Kohlendioxidgehalt in der Einatemluft verringert wird.

Die Studie von Ulrike Butz ist unter: https://mediatum.ub. tum.de/ doc/602557/602557.pdf abrufbar.

Unabhängig von Sinn und Unsinn des verpflichtenden Tragens eines Mundschutzes in der Öffentlichkeit, werden alle Menschen somit einem erhöhten Risiko durch den CO_2-Anstieg ausgesetzt. Gerade Menschen mit respiratorischen Erkrankungen (Asthma, verschiedene Formen des COPD) sind hier gefährdet. Und nicht jeder traut sich bei dem Gesundheitsamt eine Bescheinigung zur Befreiung von der Maskenpflicht zu beantragen. Selbst wenn diese Befreiung vorliegt trauen sich die Menschen nicht die Maske in den Geschäften und öffentlichen Verkehrsmitteln abzusetzen. Nicht, weil sie als Risikogruppe Angst vor einer Infektion haben, sondern weil sie sich nicht der gesellschaftlichen Anfeindung aussetzen wollen (der „böse Blick" oder Fragen, wie: „Warum tragen Sie keine Maske! Wollen Sie uns alle anstecken?")

Somit kommt es zu einem sozialen und psychologischen Druck in der Gesellschaft den Mundschutz zu tragen. Jeder der nicht „System konform" den Mundschutz trägt wird von den geistig retardierten Menschen, die gegenüber Institutionen hörig sind und ihren Verstand abschalten, getadelt und gemaßregelt.

Darüber hinaus wird ein schlechtes Gewissen produziert, dass man doch Covid-19-positiv sein könnte und man natürlich niemanden anstecken soll.

Letztendlich leiden viele Millionen Menschen auf der Welt gesundheitlich unter dem Tragen des Mundschutzes. Dies darf weder vernachlässigt, noch einfach ausgeblendet werden.

Bedauerlicherweise ist die Mehrheit der Bevölkerung nicht in der Lage mit den Masken vorschriftsmäßig umzugehen:

- Die Masken werden zu oft mit den Händen im Gesicht korrigiert, wobei die Hände vorher nicht desinfiziert oder gewaschen wurden.

- Es wird Obst oder Gemüse in den Geschäften angelangt (Beispiel), dann die Maske angefasst und dann wieder das nächste Einkaufsprodukt.

- Die Masken hängen in den Autos an dem Innenspiegel oder liegen offen auf dem Armaturenbrett des Fahrzeuges. Sehr Sinnig bei einer Klimaautomatik oder einer Umluftaktivität im Fahrzeug. Sollten hier Viren am Mundschutz sein, so werden diese perfekt im Inneren des Fahrzeuges verteilt. Und wir haben doch gelernt: Covid-19 ist auf Oberflächen noch bis zu 6 Stunden aktiv!

- Vor dem Einkauf wird der zusammengeknüllte Mundschutz aus der Hose geholt und aufgesetzt.

- Der Mundschutz bedeckt zwar den Mund, jedoch schaut die Nase häufig offen über den Rand der Maske hinaus. Wo wird noch einmal der Abstrich durchgeführt? Richtig, im tiefen Nasen-Rachen-Raum.

Ab Juli 2020 wurde die Sinnhaftigkeit der Maskenpflicht zunehmend diskutiert. Als Vorreiter hatte bereits Mecklenburg-Vorpommerns Wirtschaftsminister Harry Glawe (CDU) eine Abschaffung der Mund-Nase-Bedeckung im Handel ins Gespräch gebracht. Er meinte, wenn das Infektionsgeschehen so gering bleibe, sehe er keinen Grund, länger an der Maskenpflicht im Handel festzuhalten. Man versuche, für alle norddeutschen Bundesländer eine einheitliche Regelung hinzubekommen, aber noch lieber wäre ihm ein bundesweites Ende der Maskenpflicht im Handel. (Quelle: dpa/fte; 07/2020, erschienener Artikel „Welt am Sonntag", Deutschland, Zugriff 10.10.2020). Auf der Ministerkonferenz beschlossen die Minister jedoch die Mundschutz-Regelung weiter aufrecht zu erhalten. Diese Entscheidung ist mehr als erstaunlich und hinterfragt wieder einmal politische Kompetenz.

Ein weiteres Thema zur Maskenpflicht waren die bereits im April 2020 ausgelieferten Masken aus Asien. Nach Informationen des Bayerischen Rundfunks wurden Hunderttausende mangelhafter Schutzmasken an Arztpraxen in ganz Deutschland geliefert. Mindestens 800.000 der im Frühjahr verteilten Masken wiesen Mängel auf oder entsprachen nicht den Anforderungen. Ein Teil der Masken wurde vom Bundesgesundheitsministerium geliefert, welches auch die ausländische Beschaffung zu verantworten hatte.

Nach Aussage der Kassenärztlichen Vereinigung Bayerns war die Qualität der vom Bund gelieferten Waren demnach "teilweise sehr schwankend." In Niedersachsen wurden nach Angaben der zuständigen Kassenärztlichen

Vereinigung rund 400 Arztpraxen mit fehlerhafter Ware beliefert.

Nachdem Journalisten des Bayerischen Rundfunks und der Rechercheplattform OCCRP die Herkunft der Masken genauer recherchierten entdeckten diese, dass europaweit Behörden Millionen von unsicheren Masken gekauft hatten. In vielen Fällen steckte sogar Zertifikatsbetrug dahinter. So stellten Firmen, die gar keine Schutzausrüstung hätten zertifizieren dürfen, wiederholt ungültige Zertifikate aus.

Mittlerweile befinden sich in der Rückruf-Datenbank der Bundesanstalt für Arbeitsschutz und Arbeitsmedizin über 50 mangelhafte Schutzmaskenmodelle. Das Europäische Amt für Betrugsbekämpfung ermittelte seit Mai 2020 gegen verschiedene Betrugsfirmen. Außerdem lies das Ministerium beschaffte Masken vom TÜV Nord stichprobenartig testen. In mehreren Fällen lieferte es trotzdem Masken aus, die vorher vom TÜV Nord beanstandet worden waren. Das Ministerium begründete diese Fehlzustellungen gegenüber Journalisten unter anderem mit dem Zeitdruck der Pandemie-Situation. Die fehlerhafte Ware hätte jedoch eine Rückrufaktion zur Folge gehabt.

Abschließend ist zu dem Thema „Maskenpflicht" noch eine Studie der amerikanischen CDC (Centers for Disease Control and Prevention – ähnlich wie das Robert-Koch-Institut in Deutschland) anzuführen. Das CDC stellte in einer Studie fest, dass ca. 74% der Corona-Infizierten immer eine Stoff-Maske trugen (bitte nicht mit den OP-Masken bzw. medizinischen Masken verwechseln!). In der Studie wurden die Infizierten gefragt, ob sie a) keine Stoff-Masken, b) selten Stoff-Masken, c) häufig Stoff-Masken oder d) permanent Stoff-Masken trugen. Somit zeigt die CDC-Studie auf, dass eine Maske nicht unbedingt vor einer Infektion mit dem Coronavirus schützt.

Nach Bekanntwerden dieser Studie ging ein Aufschrei von Seiten der Maskenbefürworter los. Diese argumentierten dagegen, dass 76% der Bevölkerung, die Stoffmasken tragen würden, eben nicht von dem Virus infiziert worden seien, was ja für einen Schutz durch die Maske sprechen würde. Natürlich ist dieses Gegenargument völliger deplatziert. Wenn die Gegner dieser Studie einen tatsächlich wissenschaftlichen Vergleich hätten anstreben wollen, dann hätte man 100% der Maske tragenden Bevölkerung dem Kontakt mit dem Corona-Virus aussetzen müssen, um hier überhaupt ein valides Ergebnisse zu erhalten, ob wirklich die 76% durch das Tragen der Maske vor einer Infektion geschützt worden wären. Ethisch und moralisch überhaupt nicht vorstellbar - geschweige von der praktischen Durchführung solch eines Unsinns. Eine Absurdität, auf die man hier wohl nicht näher eingehen muss. Außerdem liegt die Zahl der Infizierten unter 5% der Gesamtbevölkerung. Kann in diesem Fall eigentlich noch von Pandemie gesprochen werden? Öffentlichen Angaben zufolge waren ca. 400.000 Infizierte in Deutschland gemeldet und dies bei etwa 80 Millionen Menschen!

Die CDC-Studie kann übrigens nachrecherchiert werden, sofern sie nicht wieder von der Webseite des CDC verschwunden ist: „Characteristics of symptomatic adults ... who received positive and negative SARS-CoV-2 test results (N = 314) – United States, CDC, July 1-29, 2020, Zugriff 20.10.20".

6. Der Vergleich

Betrachtet man die bisher gesammelten Informationen, so muss ernsthaft festgestellt werden, dass der Lock Down niemals hätte so lange stattfinden dürfen. Die Grundrechte entziehenden Maßnahmen waren überzogen und überflüssig. Wäre das SARS-CoV-2 –Virus wirklich so massiv gefährlich, wie man uns glauben machen will, dann wären die folgenden Zahlen bei weitem nicht so gering ausgefallen. Unzureichende Handhabe des Mundschutzes, häufig nicht eingehaltene Abstandregeln, Treffen verschiedenster „Haushalte" untereinander, obwohl man dies nicht hätte tun sollen, usw., hätten zu einer massiven Infektionsausbreitung und zu einer massiveren Sterberate geführt. Trotz eines „Lock Down". Der Mensch lässt sich auch in der schlimmsten Zeit nicht in einen „Käfig" sperren. Dafür ist er, von Natur aus, zu sehr Individualist und Egoist. Außerdem klang die „Corona-Welle" bereits ab, als der Lock Down ausgerufen wurde. Aber schauen wir uns die Todesfälle pro 1 Million Einwohner, Stand 03.07.2020, einmal an:

Todesfälle in Zusammenhang mit dem Coronavirus (COVID-19) pro 1 Million Einwohner in folgenden Ländern (Stand: 3. Juli 2020, Quelle: WHO; ECDC; Johns Hopkins University, https://coronavirus.jhu.edu/map.html, USA; Zugriff 15.10.2020):

Belgien: ....843 Tote

Großbritannien: ....648 Tote

Spanien: ....607 Tote

Italien: .... 576 Tote

Schweden: .... 536 Tote

Frankreich: .... 458 Tote

USA: .... 398 Tote

Niederlande: .... 357 Tote

Brasilien: .... 292 Tote

Deutschland: .... 108 Tote

Dabei fällt auf, dass Belgien als kleinstes Land die Liste mit 843 Toten anführt und Deutschland die wenigsten Tote aufzuweisen hat. Da die Maßnahmen, bis auf Schweden, überall gleich waren, fragt man sich spätestens jetzt warum in dem kleinsten Land die höchste Todeszahl vorhanden ist. Dies liegt daran, dass die belgischen Behörden jeden Verstorbenen, bei denen auch nur der leiseste Verdacht einer Corona-Infektion bestand (PCR-Test wurde in diesem Fall noch nicht einmal durchgeführt!), mit in die Statistik aufgenommen haben.

Deutschland schneidet mit „nur" 108 Toten auf 1 Mio. Einwohnern bestens ab. Ist das wirklich dem „Lock Down" zu verdanken? Wohl nicht. Wir kommen aber später noch darauf zu sprechen.

Schauen wir uns zuerst die Zahlen in Schweden an. Schweden liegt mit seinen 536 Toten (pro 1. Mio. Einwohner) im mittleren Bereich der Vergleichszahlen. In diesem Zusammenhang wird Schweden gerne als Gegenbeispiel aufgeführt, weil es keinen Lock Down ausrief. Sicherlich stehen die Schweden mit ihrer Entscheidung wirtschaftlich besser dar, und auch der Gesundheits- und Sozialbereich blieb stabil. Auch war der Verlauf der Covid-19-Infektionen in Schweden vergleichbar mit einer schweren Grippewelle.

Betrachtet man Schweden näher, hat dieses Land eine Fläche von ca. 447.435 km² und hat 10.327.589 Einwohner. Umgerechnet leben somit 23 Einwohner innerhalb eines Quadratkilometers.

Im Vergleich dazu hat die Bundesrepublik Deutschland (BRD) eine geografische Größe von 357.582 km² und ca. 83.166.710 Einwohner. Umgerechnet leben somit 233 Einwohner innerhalb eines Quadratkilometers.

Im Unterschied zu der BRD hat Schweden ca. 90.000 km² mehr Fläche und nur 10% von den Einwohnern gegenüber den Einwohnern der Bundesrepublik Deutschland auf 1 km². Somit hat Schweden eine weniger dichte Einwohnerstruktur als die Bundesrepublik Deutschland. Folglich ist die Ansteckungsgefahr und somit die Ansteckungsrate im Vergleich zueinander geringer. Denkt man zumindest! Dieser Vergleich ist nicht ganz korrekt. Bei Heranziehen der Sterbestatistiken Schwedens im Vergleich zu anderen Staaten wird oft behauptet, dass man hier Äpfel mit Birnen vergleiche. Schweden hat eine gute Infrastruktur und auch Ballungszentren. In den ländlichen Bereichen fahren die Menschen zum Einkaufen weiter, als dies in Deutschland der Fall ist. Trotzdem ist die Infrastruktur in Schweden (Krankenhäuser, Einkaufszentren, öffentliche Einrichtungen, etc.) gut. Und da in Schweden auch eine hohe Mobilität vorhanden ist, wird länger gefahren. Am Ende werden die Orte von allen in der Region gleichmäßig aufgesucht. Davon auszugehen, dass durch eine gewisse ländlichere Verteilung ein geringeres Infektionsrisiko besteht ist falsch, wenn die Einwohner an den „Sozialpunkten" aufeinander treffen. Und in Schweden, wie auch in Deutschland, wird vor dem Wochenende kräftig eingekauft, die Geschäfte sind voll und folglich bestand und besteht hier ein hohes Risiko der Kontaktinfektion.

Warum aber hat Deutschland die niedrigste Todeszahl, gemessen an 1 Million Einwohner?

Nun, neben dem geringeren Durchschnittsalter wird in Deutschland nur die Altersgruppe bis 70 Jahren aufgeführt. Alles über 70 Jahre fällt aus der Statistik. So entfielen im März 2020 nachweislich von 100% Infizierten nur 19% davon auf die Altersgruppe zwischen 60 bis 70 Jahren. Weit über 50% der Infizierten hatten ein Alter zwischen 35 und 59 Jahren.

Das Durchschnittsalter der Corona-Fälle in Deutschland beträgt ca. 43 Jahre. Im Vergleich dazu: bei den Schweden liegt es bei ca. 56 Jahren und bei den Italienern 63 Jahre. Da der tödliche Verlauf mit einer Corona-Infektion, neben den Grunderkrankungen, auch von dem Alter abhängt, ist bei höherem Altersdurchschnitt auch ein erhöhtes Sterberisiko vorhanden. Betrachtet man nun die Grunderkrankungen, so sind die pulmonalen Erkrankungen (Asthma, chronisch obstruktive Lungenentzündung) in Deutschland geringer als in den anderen Industriestaaten.

Fasst man also alle Aspekte der Todesfälle zusammen, so gilt für Deutschland:

- Ab 70 Jahren fällt man als Covid-Toter aus der Statistik
- In Deutschland sind weniger Lungenerkrankungen als in anderen EU-Ländern vorhanden
- Das Durchschnittsalter an Covid-Erkrankten ist in Deutschland niedriger als in den anderen EU-Staaten.
- Die klinische Versorgung ist in Deutschland, gegenüber den anderen EU-Staaten, qualitativ um ein vielfaches besser.

Aufgrund dieser oben aufgeführten Punkte ist es nur logisch, dass Deutschland eine geringere Todesfallzahl von Covid-Toten aufweist als dies in anderen EU-

Ländern der Fall ist. Also nicht wegen des „Lock Downs". Als dieser eintrat, war die Infektionswelle, wie bereits mehrfach erwähnt, geringer geworden. Sicherlich wird die Bundesregierung die niedrigen Todeszahlen dazu nutzen, um ihr Handeln gegen das Grundgesetz und gegen die persönliche Freiheit eines jeden Einzelnen zu beschönigen und mit Hilfe dieser niedrigen Zahl zu rechtfertigen. Wie sagte letztes jemand noch: „Ja, ja. Das ist wie Scheiße schön reden."

Schauen wir uns den Verlauf der Covid-19-Infektionen in den EU-Ländern aber im Vergleich einmal an.

Todesfälle in Schweden – ohne Lock Down

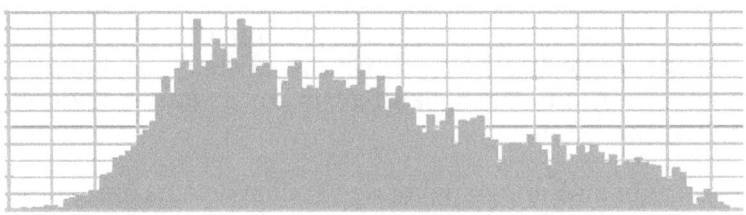

Abb.-Grafik 4: Todesfälle Schweden
Daten-Quelle: https://www.folkhalsomyndigheten.se/ smitt-skydd-beredskap/utbrott/aktuella-utbrott/covid-19/bekraftade-fall-i-sverige; Zugriff 20.10.2020

Todesfälle in Deutschland **mit Lock Down (Pfeil)**

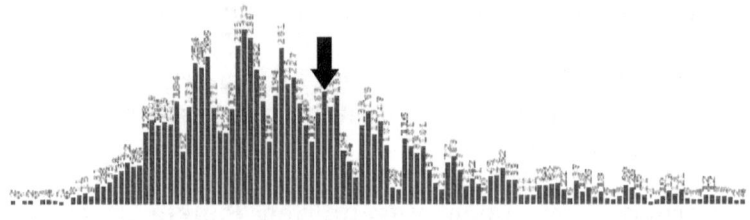

Abb.-Grafik 5: Todesfälle Deutschland Daten-Quelle: RKI; https://www.rki.de/DE/Home/homepage_node.html

Todesfälle in Italien **mit Lock Down (Pfeil)**

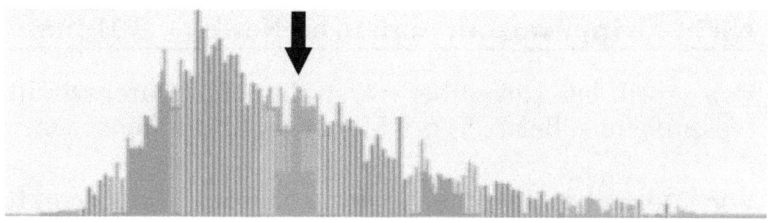

Abb.-Grafik 6: Todesfälle Italien Daten-Quelle: Gesundheitsministerium Italien, Covid-19-Pandemie; Istituto Superiore di Sanità; Italien, https://www.iss.it/rapporti-covid-19 , Zugriff 20.10.2020)

Die anderen Grafiken der EU-Länder sehen ähnlich aus.

Somit war innerhalb der Europäischen Union eine fast synchrone Entwicklung des Corona-Virus vorhanden. Ob mit oder ohne Lock Down!

Jetzt könnte man natürlich die Grippetoten mit den Corona Toten in Deutschland vergleichen. Dies funktionierte bisher nicht korrekt, da es sich bei den Grippetoten um Schätzungen handelt.

Dieser Sachverhalt wird gerne gegen die Kritiker der Corona-Maßnahmen verwendet, wenn diese argumentieren, dass es bisher viel mehr Grippetote als Corona-Tote gab.

Fakt ist: Grundlage dieser Schätzung bildet die sogenannte Exzess-Mortalität, bei der die Wissenschaftler untersuchen, wie viele Menschen in der Grippesaison, gegenüber den übrigen Monaten im Jahr, versterben. Wenn statistiklich mehr Menschen in den Grippemonaten gestorben sind als Menschen in den Nicht-Grippemonaten, wird die Differenz der Toten den „Grippetotenzugeordnet. Hier ein Beispiel zur Vereinfachung:

> **Grippesaison:** von Dez.'18bis März'19 = **4 Monate**
>
> **Nicht-Grippesaison:** April'19 bis Nov.'19 = **8 Monate**

Von April bis November verstarben im Durchschnitt (vereinfachtes Beispiel) pro Monat ca. 1.000 Menschen.

Von Dezember bis März verstarben im Durchschnitt (vereinfachtes Beispiel) pro Monat ca. 1.200 Menschen.

Dann wird, mit der Exzess-Mortalität, wie folgt geschätzt: in der Grippesaison gab es jeden Monat 200 Tote mehr. Daraus wird dann, wie folgt, berechnet:

> **200 Tote pro Monat x 4 Monate = 800 Tote**

800 Tote mehr als in der Nicht-Grippesaison bedeutet in diesem Fall: dass sind die Grippetoten.

An dieser Stelle muss darauf hingewiesen werden, dass das Lesen aus einem Kaffeesatz vielleicht mehr Effektivität verspricht als diese Exzess-Mortalitäts-Evaluierung.

Außerdem wird bei der Grippestatistik immer wieder darauf hingewiesen, dass Influenza häufig nicht als Todesursache in den Totenschein eingetragen würde. Dadurch läge die statistische Schätzung häufig weit höher als die Zahl der als Grippetote gemeldeten Fälle, so das RKI.

Und diese Evaluierung der Exzess-Mortalität ist beim RKI gängige Praxis, denn in einer Dokumentation des NDR konnte man bereits in 2014 erfahren, dass in Deutschland jedes Jahr 20 000 Menschen an der Grippe sterben (RKI-Info). Diese Tatsachenbehauptung wurde mehrfach wiederholt. Die Recherche verrät jedoch, dass es tatsächlich nur 5.000 bis 8.000 Tote in 2014 waren.

Die Quellenangabe lieferte hierzu das Aerzteblatt in eine seiner Ausgaben im Internet: www.aerzteblatt.de/lit1115.

Recherchiert man dazu im Internet, so wird eine Quellenangabe mit einem Bericht des Robert Koch-Instituts gefunden. Im Kleingedruckten auf Seite 38 ff. steht dann, dass die ca. 20 000 Toten bloß geschätzt (!) wurden. Also wieder diese Exzess-Mortalitäts-Evaluierung.

Als Entschuldigung für diese „falschen Zahlen" kam nur, dass in den Totenscheinen häufig nicht die richtige Todesursache eingetragen würde und in den Totenscheinen fälschlich (!) Versagen des Herz-Kreislauf-Systems oder Tod durch Lungenentzündung (anstatt Grippe) als Todesursache angegeben werde.

Dies erinnert irgendwie an die Villa Kunterbunt und Pippi Langstrumpf. Macht sich hier jemand die Welt, so wie sie ihm gefällt?

Unterstellt das RKI tatsächlich den Ärzten Totenscheine fehlerhaft auszufüllen? Sind die vom RKI erstellten professionellen und validen Evaluierungen etwa genauer und zuverlässiger? Ist es zu viel Arbeit gute Qualität abzuliefern?

Wie erhält man bitte, trotz dieser angeblich unzuverlässigen Totenscheine Einblicke in die Realität der korrekten Todesursache? Natürlich wieder durch „allgemeine" statistische Verfahren.

Nun, kennen Sie den Witz mit dem Zählen von Schafen?

Ein Schäfer zählt seine Schafe, eines nach dem anderen, wenn er sie durch das Tor in den Stall bringt - und fertig. Er hat die Anzahl seiner Schafe (50 Stück) exakt evaluiert.

Wie würde eine Bundesbehörde Schafe zählen? Diese berechnet die Anzahl der Schafe mit Hilfe der Größe der genutzten Weidefläche und verfährt dabei, wie folgt: 10 Schafe grasen durchschnittlich pro Hektar Weidefläche. Es sind 5 Hektar vorhanden - der Schäferhund wird aus Sicherheitsgründen subtrahiert - Ergebnis: „Wir haben 49 bis 50 Schafe berechnet, dabei wurde eine Populationsschwankung von n-1/+1 berücksichtigt." Der Schäfer fällt natürlich auch aus der Zählung heraus, weil er nur zwei und nicht vier Beine hat. Wäre auch schlimm für den Schäfer - also, dass mit den vier Beinen ...

Fazit: mit Hilfe zweifelhafter statistischer Verfahren, werden Todesfälle von Pneumonie und Herzinfarkt (z.B.) herangezogen und man erhält die sogenannte „Super-Mortalität". Die liegt eben bei 5.000 bis 20.000 Toten durch Influenza. Letztendlich sind in den Jahren von 2010 bis 2013 wirklich, rein empirisch nachweisbar, an Influenza, pro Saison, ca.198 Personen verstorben.

Es ist bemerkenswert, wie hier mit realen Zahlen jongliert wird und Statistiken aus dem Hut gezaubert werden. Dies alles nur um eine Grippeimpfung zu unterstützen?

Nachdem in 2014 der Influenzagau mit ca. 20.000 Toten postuliert wurde, wurde mit Nachdruck auf die Notwendigkeit der Grippe-Impfung hingewiesen!! Die Realität sah, wie oben beschrieben, anders aus. Später wurden diese Zahlen, natürlich „by the way", korrigiert.

Mittlerweile wissen wir, dass es pro Saison (Sommer-Saison, Winter-Saison) nur durchschnittlich 200 reale Todesfälle in dieser Sache gibt.

In Bezug auf die Covid-19 Viren ist dieses Jahr ein ähnliches Vorgehen, wie in 2014 zu vermuten! Man bekommt den Eindruck, dass Zahlen hochgepuscht werden, um auf eine Impfung gegen dieses Virus vorzubereiten. Wurden Covid-Todesfälle, wie in 2014 die Grippefälle, statistiklich einfach geschaffen? Und kommt man in einer Region nicht auf die gewünschte Infektionszahl, dann verdreifacht man dort eben die Testungen?

Es verhält sich, wie beim Fischen. Normalerweise fängt die Person mehr Fische, die dreimal ihre Netze auswirft und nicht nur einmal.

Übrigens: Stand Juli 2020 gab es für die stärkere Grippesaison in 2019/2020 nachweisbare 434 Todesfälle, also „reale" Influenza-Tote. Eine Schätzung blieb, wegen der Corona-Krise bisher aus (Stand Juli 2020).

Folglich kann hier bei solider Validierung, ohne das RKI, geschlussfolgert werden: In ganz Deutschland gab es bis Juli 2020 434 Todesfälle durch Influenza und bis Juli 2020 im Vergleich 108 Todesfälle mit Covid-19!

Zu erwähnen wäre an dieser Stelle, dass von den 0,23% Verstorbenen wiederum über 80% an ihrer ursprünglich schweren Grunderkrankung verstorben sind und nicht, weil sie infiziert waren! Somit sind es weniger als 0,05% der Verstorbenen, deren Tod primär durch das Corona-Virus verursacht wurde!

Auffällig bei der Diskussion um Corona ist, dass die gesamte Medienwelt einen gebetsmühlenartigen einheitlichen Salm „Pro" Eindämmungsmaßnahmen, „Pro" Mundschutz und „Pro" Impfung übernimmt und diesen Irrsinn durch ihre Publikationen auch noch promotet.

Auch bei Vereinigungen von freien und unabhängigen Journalisten wird der Eindruck erweckt, dass diese doch nicht so investigativ, neutral und „gemeinnützig" sind, wie sie von sich behaupten. Zumindest, wenn man ihre Bewertungen zu dem Thema rund um Corona betrachtet. Wird hier nicht der Eindruck erweckt, dass die Kritiker der Corona-Einschränkungen nur Fake News verbreiten, nicht glaubhaft sind oder falsche Zahlen liefern würden? Aber sicherlich ist dies nur ein falsch entstehender Eindruck und diese „Journalisten-Vereinigung" ist nicht Teil eines staatlichen Informations-Apparates im Schafspelz zur Bekämpfung anders Denkender, wie man vielleicht denken könnte.

Fazit: wenn man sich anschaut wie ca.70% der Bevölkerung alles akzeptiert was ihnen aufgebürdet wird, ist es nicht verwunderlich warum bestimmte Politiker meinen mit den Menschen in diesem Land machen zu können was sie wollen.

Dazu aber mehr in den Covid-Akten.

IV Das psychologische Erleben der Covid-Krise

Die Bevölkerung ist wegen des langen Maskentragens und den Einschränkungen immer unzufriedener. Sicherlich tragen auch unterschiedliche Meinungen im Mainstream und den sozialen Netzwerken dazu bei. Hinzu kommen unterschiedliche Verhaltensmuster der Extreme zum Tragen. Die eine Extrem-Gruppe hat eine unrealistische Risikowahrnehmung im Sinne einer akut hohen Ansteckungsgefahr, welche bereits in ihrem Verhalten in die Nähe von Hypochondern rücken. Die andere Extrem-Gruppe hat eine unrealistische Risikowahrnehmung im Sinne einer gar nicht oder sehr geringen Anfälligkeit sich mit dem SARS-CoV-2-Virus zu infizieren. Während die eine Gruppe also literweise Desinfektionsmittel in die Kanalisation kippt und damit das Trinkwasser belastet, wäscht sich die andere Gruppe ab und an die Hände und lebt den Alltag, wie vor der Krise. Dazwischen liegt jedoch die Mehrheit vernunftbegabter Menschen, die sowohl Eigen- als auch Fremdverantwortung zeigen, ausreichende Hygienemaßnahmen durchführen, ohne zu übertreiben.

Trotzdem führen die Gesetzmäßigkeit menschlicher Motivation, die Informationsverarbeitung, sowie die psychische Verarbeitung von Belastungserfahrungen in der Krise zu einem immer größeren Widerstand gegen die Maßnahmen der Bundesregierung. Ursache sind die Ungleichverteilung der persönlichen Kosten und der gesellschaftliche Nutzen der Maßnahmen. Bei ohnehin schon sozial und ökonomisch benachteiligten und daher stärker betroffenen Gruppen besteht das Risiko, dass sich dysfunktionale Einstellungen zu den eigenen Lebenschancen und Ungerechtigkeiten weiter verfestigen und über die Generationengrenzen hinweg weitergegeben werden. Weitere Lockdowns würde bei der Bevölkerung eine nur noch geringe Akzeptanz finden, da dieser eine besondere psychologische Herausforderung darstellt.

Schließlich erfolgten bereits bei den ersten beiden Lockdowns negative Erfahrungen.

Grundsätzlich gilt es das professionelle soziale und psychologische Betreuungsangebot nicht nur aufrecht zu erhalten, sondern auch weiter auszubauen. Das Ziel muss hierbei die Stärkung der gesundheitlichen Verfassung sein. Dies sowohl in dem physischen als auch im psychischen Bereich. Hierbei gilt es die Resilienz zu stärken und auch die Psychosomatik nicht aus den Augen zu verlieren. Wenn hier im Gesundheitssektor ein starkes Hilfsangebot, auch und gerade durch staatliche Förderung angeboten wird, gelingt es die langfristigen psychischen Folgen die der Lockdown und die weitergehenden Maßnahmen (ob sinnhaft oder sinnlos sei dahingesellt) bei den Menschen verursacht haben langfristig in Grenzen zu halten. Gänzliche Heilung und Beschwerdefreiheit ist, selbst nach der Aufhebung sämtlicher Restriktionen und Maßnahmen, kaum möglich. Die psychischen Verletzungen der Bevölkerung sind zu stark und man kann hoffen, dass nur noch psychische Narben zurückbleiben. Bekanntlich ist es aber die Hoffnung, welche zuletzt stirbt.

Ganz besonders trifft es Kinder im Alter zwischen 4 und 8 Jahren. Diese verstehen nicht, warum sie einen Mundschutz aufsetzen sollen und wieso man sich jetzt die Hände desinfizieren soll. Je nach Ausprägung des Erklärungsgrades, individuell verfasst für den Entwicklungsstatus des Kindes, werden die Maßnahmen akzeptiert und als „gegeben" toleriert oder andere Menschen werden als Bedrohung („Mama sagt, die anderen Menschen können mich krank machen.") empfunden. Gerade die kindliche Psyche ist sehr anfällig für Veränderungen und ganz besonders für Restriktionen. Das Vertrauen in die anderen Menschen, in das soziale Umfeld schwindet. Durch bereits Argwohnentwicklung in jungen Jahren, wird das Kind als Skeptiker, Sorgenmensch geprägt. Angst vor Krankheiten, Angst vor anderen Menschen, könnten hier in der weiteren kindlichen Entwicklung prägend sein. Hinzu kommt, dass Jugendliche zwischen 10 und 16 Jahren, aufgrund der einschneidenden Maßnahmen der Bundesregierung, in Depressionen verfallen. Was hat das Leben denn für einen Sinn, wenn man sich nicht mehr mit seinen Freunden treffen darf. wenn man nicht mehr vernünftig in der Schule lernen kann und nur noch zu Hause „abhängt" und „online" lernen muss. Und selbst, wenn es Klassengemeinschaften gibt, so sitzt man nicht mehr nebeneinander, sondern trägt Mundschutz und der Nachbar ist der leere Stuhl. Wie soll da ein Gemeinschaftsgefühl aufkommen?

An dieser Stelle soll auch die Kantar-Studie erwähnt werden, welche sich mit der Verhaltenspsychologie unter Belastung beschäftigt.

Diese Studie zeigt auf, wie das Corona-Virus das Verbraucherverhalten, die Einstellungen und Erwartungen beeinflusst.

Die neuesten Daten zeigen nicht nur die sich entwickelnden Gewohnheiten, Verhaltensweisen und Bedenken auf, sondern untersuchen auch sechs verschiedene Verbrauchergruppen, die sich durch Sorgen, Informationskonsum, die Einhaltung von Regeln und das Vertrauen der Regierung definieren. Mit Hilfe dieser Studie können somit Vermarkter von Produkten, unter dem Aspekt des Covid-19, ihre Nachrichten, das Verbraucherverhalten und sogar Innovationspläne herausarbeiten und somit eine wirtschaftliche Erholung vorantreiben.

Es wurden über 100.000 Konsumenten in über 50 Märkten befragt. Es wurden 9.500 Interviews in Australien, Brasilien, China, Frankreich, Deutschland, Indonesien, Italien, Kenia, den Niederlanden, Nigeria, den Philippinen, Polen, Südafrika, Spanien, Thailand, Großbritannien, den USA und Vietnam durchgeführt. Die Feldarbeit erfolgte vom 19. bis 23. Juni 2020 mit landesweit repräsentativen Bevölkerungsgruppen im Alter von 18-65 Jahren (Quelle: Kantar; www.kantar.com, Deutschland, Zugriff: 20.10.20).

Interessant an der Studie ist, dass sich psychologisch 6 verschiedene menschliche Wesenstypen im Umgang mit dem Corona-Virus herauskristallisiert haben:

12% der in der Studie befragten gaben an, dass sie nicht verstehen worum es bei dieser Covid-19-Pademie genau geht und es sie auch nicht wirklich interessieren würde.

22% der in der Studie Befragten sind eher gleichgültige Typen. Für sie gilt: „es kommt, wie es kommt". Sie finden die Regeln, die Restriktionen, den Mundschutz, usw. einfach nur für übertrieben.

13% der Befragten akzeptieren die Situation, wollen aber nicht ständig über die Medien durch Datenaktualisierung und Hinweise im Umgang mit der Pandemie an die aktuelle Situation mit ihren Einschränkungen erinnert werden. Sie finden dieses Endlos-„Blabla" einfach nur nervig.

22% er Befragten sagten, dass sie gerne informiert würden und sich alle Menschen an die von der Regierung eingeführten Regeln halten sollten.

18% der Befragten sind ernsthaft besorgt über ihre gesundheitliche und finanzielle Situation, glauben aber daran, dass die Dinge bald besser werden. Sie stehen den Maßnahmen der Regierung eher skeptisch gegenüber.

13% der Befragten gehören der Extremgruppe an, die völlig verängstigt ist und sich wünscht, dass die Regierung einfach noch viel mehr tun würde, um die Menschen vor dem Virus zu schützen. Diese sind auch vehemente Verfechter von Impfungen und denken, dass dadurch alles wieder besser wird.

Nimmt man diese Studie als repräsentatives Bild für die deutsche Bevölkerung, so gibt es immer noch 48% die weitere Maßnahmen der Bundesregierung einfach akzeptieren würden.

Betrachtet man zusätzlich noch den Sozialbereich mit seinen Sportangeboten, so ist durch die Restriktionen der Bundesregierung nicht nur eine psychologische Problematik für jeden Einzelnen von uns entstanden, sondern auch eine Bewegungseinschränkung ganz besonderer Natur: der Sport.

Sport ist mit einer der größten Aktivitäten der Bürger und fördert nicht nur den sozialen Zusammenhalt und das Gemeinschaftsgefühl oder die Integration, sondern stärkt auch das Immunsystem und die Vitalität der Menschen.

Durch die Einschränkungen sind keine Kontaktsportarten mehr möglich. Basketball, Volleyball und auch der Tanzsport sind momentan nicht mehr vorstellbar. Sportvereine mussten zwangsweise in die Corona-Pause gehen, Schwimmbäder bleiben geschlossen. Kinder, die in 2020 das Schwimmen erlernen wollten können dies wegen des Lockdowns nicht.

Aber gerade für Kinder und Jugendliche sind Freizeit- und Erholungsphasen notwendig. Und dazu zählt Sport, um sich auch einmal „auszupowern". Dies ist sowohl für die kindliche Psyche, als auch für den kindlichen Organismus von essentieller Bedeutung. Mangelnde Bewegung hat sowohl geistige als auch körperliche Auswirkungen auf die Gesundheit. Übergewicht, Stoffwechselstörungen und Antriebslosigkeit sind die Folgen. Somit gefährdet jeder Lockdown nicht nur die natürliche Lebensfreude von jungen Menschen, sondern auch eine gesunde Entwicklung unserer Kinder.

Letztendlich ist, durch die Maßnahmen der Bundesregierung, die Bevölkerung unzufrieden und gespalten, wie nie zuvor.

V Die Covid-19Akten

Dieses Kapitel soll den Bereich „hinter dem Vorhang" beleuchten. Es behandelt staatliche, wirtschaftliche und menschenrechtliche Aspekte, wobei das SARS-CoV-2 als Mittel zum Zweck dient, um die Interessen der Elite, der Lobbyisten und bestimmter Politiker durchzusetzen.

1. Zum Verständnis

1.1. Manipulation ein Baustein der Eliten

Wenn in einem Land Menschen die ihre Meinung sagen, härter verfolgt werden, als Kinderschänder, Vergewaltiger und Mörder, dann kann dieses Land kein freies Land sein.

Wenn Menschen als Lügner und Verschwörungstheoretiker denunziert, ausgegrenzt und sozial isoliert werden, so hat der Inhalt, den diese Menschen in Schrift, Bild und Wort verbreiten einen Wahrheitsgehalt. Bei Spinnern und Dummschwätzern, wendet man sich lachend und Hände winkend ab. Danach verliert man kein Wort mehr über den „Mumpitz". Da diese Menschen nicht für „voll" genommen werden, verliert sich deren Spinnerei im Sand. Warum wird gegen diese „Verschwörungstheoretiker" so dermaßen gewettert? Offensichtliche Falschinformationen werden im Internet relativ zügig aufgeklärt. Fazit: jeder, der über Informationen über angebliche Verschwörungstheorien „stolpert“, sollte sich grundsätzlich folgende Fragen stellen:

- Wieso wird diese Information als Verschwörungstheorie bezeichnet?

- Wer deklariert diese Information als Verschwörungstheorie?

- Was könnte an der Verschwörungstheorie wahr sein, was nicht?

Wer hört, dass es sich um eine Verschwörungstheorie handeln soll, muss sich selber davon überzeugen, indem er eine eigene Recherche durchführt. Dabei sollte immer auf Quellen zurückgegriffen werden, die nicht aus der Feder des Denunzianten stammen.

Je mehr Druck auf Menschen ausgeübt wird, die ihre Meinung sagen, so ist die Meinung nicht nur eine Einstellung zu einer Sache, zu einem Thema, sondern beinhaltet mindestens eine unliebsame Tatsache. Diese Tatsache wollen andere nicht hören, weil sie sich sonst eigenes Versagen zur Meinungsbildung eingestehen müssten. Das wiederum kratzt am eigenen Ego. Niemand gibt gerne seine Schwächen oder sogar sein eigenes Versagen zu. Es ist einfacher die Schuld anderen zu geben. Und daraus resultiert die Verdrängung („Ach, das kann doch nicht sein -das darf doch nicht sein!“). Niemand verändert gerne sein Weltbild oder lässt es durch äußere Einflüsse, und schon gar nicht durch andere Meinungen, einstürzen. Und damit dies nicht geschieht, wird nicht nur die andere Meinung bekämpft, sondern der Autor direkt mit.

Bei einem Autounfall war der andere schneller, die Sonne hat geblendet oder man wurde durch XY abgelenkt. Ja, man fürchtete sogar um sein Leben ... und fuhr deshalb den Außenspiegel des Nachbarfahrzeuges ab. Welche Ironie! Immer sind es die anderen, denn zuzugeben, dass man sich irrt oder die eigene Schuld einzugestehen bedarf eines starken Charakters. In unserer Gesellschaft, dankenderweise auch der verfehlten Sozial- und Familienpolitik unseres Landes, fehlt es immer mehr an diesen guten Charaktereigenschaften. Seine Unzulänglichkeiten, Schwächen und Fehler einzugestehen und diese Defizite mit Hilfe von Selbstreflektion und Selbstkritik aus der Welt zu schaffen ist eben tabu.

Das Gleiche gilt auch bei der Akzeptanz fremder Meinungen. Anstatt zu hinterfragen, zu recherchieren und logisch zu denken, wird alles abgelehnt was anders ist und die eigene „heile" Welt zerstören könnte.

Hinzu kommt noch, durch die permanente Verantwortungsabgabe an Institutionen (Behörden/ Staat), Sozialleistungsträger (AfA, Krankenkasse, Sozialamt) und Service-Dienstleister (0800-Nummernportale), dass das eigene Gehirn frei gemacht wird von der wahren Eigenverantwortung, dem sinnhaften und logischen Denken im Sinne der eigenen Existenz und Lebensverantwortung.

Auf der anderen Seite wird eine pseudointellektuelle Eigenverantwortung, getriggert durch staatliche Institutionen, in der Gesellschaft geschaffen.

Mal ehrlich. Vor 10 Jahren hat es niemanden interessiert woher die Kirschmarmelade kommt, oder? Man greift in das Regal, kauft sich, getriggert von der Werbung, das passende Produkte, schmiert es auf sein „Gute Morgen"-

Brötchen und isst es - das war's. Heute kann man eine 0800-Nummer kostenlos anrufen und bei dem Hersteller erfragen woher die Kirschen stammen, ob diese aus einem biologischen Anbau stammen, welcher Dünger benutzt wurde und ob Pestizide zum Einsatz kamen. Alles ganz schön und gut. Dabei vergisst man in den letzten Jahren die durch die EU verordneten, immer schärfer werdenden, Auflagen in der Landwirtschaft. Und mal ehrlich: vertrauen Sie dem Wort des Herstellers? In diesem Fall ist er Verkäufer und sie telefonieren nicht mit der Qualitätsabteilung, sondern mit dem Call-Center für Marketing.

Oder anders gefragt: wen interessiert es überhaupt, wieviel Nuss-Anteil eine Nuss-Nougat-Creme hat? Entweder es schmeckt, dann kaufe ich das Produkt oder es schmeckt mir nicht, dann kaufe ich ein anderes Produkt oder verzichte darauf es zu kaufen. Nutzt mir das Wissen um den Nussgehalt? Esse ich dann „besser" oder „anders"? Schlafe ich dann besser?

Wir Menschen werden gesellschaftlich in Bereiche hineingedrängt in denen wir uns mit Lächerlichkeiten beschäftigen sollen - und es letztendlich auch tun. Diese Lächerlichkeiten werden uns als ernste Sache verkauft und viele Menschen glauben es. Diese Menschen nehmen diese Lächerlichkeiten so dermaßen ernst als ginge es um ihr Leben und würden diese blindlings bis auf ihr Blut verteidigen.

Es wird nicht hinterfragt, es wird nicht fremd- und selbstkritisch agiert. Die Menschen sind mit ihrer Arbeit, mit ihren eigenen sozialen Problemen beschäftigt, dass sie in der Gesellschaft zu „Ja"-Sagern mutiert sind. Hörig, was der Staat ihnen sagt. Dies betrifft leider 70% der Bevölkerung. Es gibt aber auch die anderen 30% in unserer Gesellschaft von denen aber gerade nur 20% den Mut aufbringen zu hinterfragen, sich zu widersetzen und zu rebellieren. Diese werden aber sehr schnell zum Schweigen gebracht oder in die Ecke der Verschwörungstheoretiker geparkt. 10% von den 30% haben resigniert und sind mutlos.

Redet man mit Menschen aus der Gruppe der 10% hört man pure Frustration heraus: „Was soll ich als einzelne Person dagegen machen!" Die Menschen haben in den letzten Jahren vergessen sich für die richtigen Sachen zu solidarisieren. Richtige Sachen sind: die eigene Freiheit, die Grundrechte und vor allem die freie Entfaltung des persönlichen Lebens. Was als Baustein des gemeinschaftlichen Lebens dient ist das Konstrukt „Staat" mit seinem Staatsvolk. Und in einer Demokratie bestimmt das Volk und nicht ein paar wenige in der Regierung den gesellschaftlichen Kurs. Dies läuft seit Jahrzehnten in unserem Land nicht korrekt ab. Es wird, trotz Bundesgerichtsurteil in Bezug der Bundestagswahlen, alle 4 Jahre weitergemacht, wie bisher.

Hinzu kommen noch freiwillige Journalistenvereinigungen, die unter dem Deckmantel der „Recherche" angebliche Falschinformationen aufdecken. Dabei machen sie eben keinen Journalismus für die Gesellschaft und schon gar nicht mit der Gesellschaft. Sie nehmen Berichte solange auseinander und suchen nach Gegenargumenten und vermeintlichen Gegenbeweisen, bis sie die gefundenen Aussagen vermeintlich widerlegen oder unglaubhaft machen können. Wenn es sein muss verdrehen sie raffiniert die Tatsachen oder ziehen Beispiele heran, die sie in ihrer Opposition stärken soll. Dann kleben sie ihrem Gegenüber die "Pinoccio-Nase" auf und rufen laut: „Fake News!".

Diese „Recherchen" haben nur ein Ziel: sie sind ein Instrument des Staates und sollen Widersacher, Andersdenkende, die ihre Redefreiheit staats- und gesellschaftskritisch nutzen, als unglaubwürdig darstellen. Und dafür werden alle möglichen Register gezogen. Dass gut ausgebildete Journalisten mit umfassenden Möglichkeiten der Recherche gegenüber dem „Normalbürger" Vorteile haben liegt klar auf der Hand. Sie haben eben die bessere journalistische Waffe, tun dies hauptberuflich und könne somit vieles glaubhafter in einem anderen Licht darstellen.

Problem an der Sache: die Menschen in unserer Gesellschaft glauben solchen perfekt aufgemachten Ausführungen von journalistischer Information. Sie haben wenig Zeit selber zu recherchieren, weil sie sich, wie bereits erwähnt, zu viel mit anderen Dingen in ihrem alltäglichen Leben beschäftigen müssen. Außerdem gibt es noch die, die durch ihre mangelnde Allgemeinbildung nicht in der Lage sind Wahr von Falsch zu unterscheiden. Anders kann man es nicht erklären, warum Menschen in ein Reisebüro gehen und eine Reise nach „Villa Riba" buchen wollten, weil sie das Dorf in der TV-Werbung eines Spülmittels gesehen hatten. Da würde immer so toll gefeiert und da wollten sie dann auch mal hin. Das „Villa-Riba" und „Villa Bacho" fiktive Dörfer in der Werbung waren und nicht die kleinen Dörfer in Asturien sind, konnten sie nicht begreifen.

Da fehlt dann doch wohl einiges an Bildung. Genau, Bildung, Schulen sind in Deutschland nicht produktive und kreative Lernstätten bei denen Kinder Wissen beigebracht bekommen und auch lernen wie sie am besten lernen können (Lernstrategie), sondern nur noch standardisierte „Wissens-Mühlen". Die Pisa-Studie hat es doch vor Jahren gezeigt. Was aber viel schlimmer ist, dass die jungen Menschen nur Wissen eingetrichtert bekommen aber nicht erlernen, wie man kritisch Dinge hinterfragt, nachrecherchiert und vor allem, wie man sich vor Fremdlenkung schützen oder verteidigen kann. Selbständige, eigendenkende und vor allem System kritische Menschen möchte man nicht heranwachsen sehen. Diese sind später schwieriger zu manipulieren.

In einer Schule sollte man aber selbständiges Lernen, Lernmethodik, usw., als Grundbaustein beigebracht bekommen. In der Grundschule lernt man aber erst einmal das Schreiben, wie man spricht und muss dann später auf die korrekte grammatikalische Schreibweise korrigieren. Wie gut, dass dies bei Mathematik nicht funktioniert. Auch, wenn man ab und an „Fünfe gerade sein lässt".

Durch die Globalisierung und ein in den letzten Jahren trotz alledem erwachtes Bewusstsein auch über den Tellerrand zu schauen stört die Eliten der Welt. Menschen, die plötzlich kreativ und doch eigenständig werden wollen? Diese Menschen müssen beschäftigt werden. Denn gibt man jemandem eine Aufgabe, dann denkt er nicht mehr über systemrelevante Dinge nach. Und so wurde die „Globale Erderwärmung" mit ihrem CO_2-Problem, der Dieselskandal, die Probleme mit der Fleischindustrie, usw. geschaffen. Es sind künstlich geschaffene Skandale ohne wirkliche Substanz und der Großteil unserer Gesellschaft fällt darauf herein.

Nehmen wir „Friday for Future" als Beispiel. Die CO_2-Emmission ist in aller Munde. Sie sorgt für eine globale Erderwärmung. Ist das so? Seit über 150 Jahren ist der CO_2-Gehalt in der Atmosphäre zu 100% gesättigt. Und nur eine Steigerung dieses gesättigten CO_2-Gehaltes würde eine globale Erderwärmung hervorrufen. Somit ist es egal ob 200 ppm Co2 oder 400 ppm Co2 (ppm = parts per million, also CO_2-Moleküle in einer Million Luftmolekülen) in der Luft gemessen werden. Es kommt auf die absolute Sättigung unserer Atmosphäre an. In den letzten 500.000 Jahren erlebte die Erde lange Eiszeiten (Glaziale), die regelmäßig von kurzen Warmzeiten unterbrochen wurden, den sogenannten Interglazialen. Veränderungen der Kohlendioxidkonzentration in der Atmosphäre stimmen genau mit diesem Zyklus überein: Der CO_2-Gehalt nimmt um ca. 80 bis 100 Teilchen pro Million zu, während die arktischen Temperaturen um ca. zehn Grad Celsius steigen.

Betrachtet man jedoch den CO_2-Anstieg, so folgt dieser dem Temperaturanstieg um ungefähr 1000 Jahre. Obwohl dieses Phänomen schon vor mehr als zwanzig Jahren vorhergesagt wurde (Lorius et al. 1990), führt es bei vielen Menschen noch immer zu Verwirrung mit der Behauptung, dass die CO_2-Emmission von Industrie und Kraftfahrzeugen ausgehe. Ist nun der Anstieg der CO_2-Konzentration in der Atmosphäre eine Folge der Erderwärmung, oder ist umgekehrt die Erderwärmung eine Folge des CO_2-Anstiegs? Die Antwort lautet: Beides ist richtig, da beides aufeinander aufbaut und hier ein fester natürlicher Zyklus vorhanden ist. Somit tragen Industrie und Straßenverkehrs nur sehr unwesentlich dazu bei. Genauer gesagt beträgt der Einfluss der weltweiten Industrie und den weltweit fahrenden Kraftfahrzeugen lediglich 0,004% Prozent der gesamten CO_2-Steigerung pro Jahr dazu bei. Somit hätten wir von dem gesamten neu produzierten CO_2-Gehalt auf der Erde nur einen kleinen Promilleanteil beizusteuern. Aber Friday for Future blüht, die deutsche Autoindustrie wird an die Wand gefahren und alle, die SUV fahren sind böse und Umweltverschmutzer. Und nur, weil dies eine Lobbyistengruppe, getriggert von der Elite, so will. Wir sollen uns wegen „Mumpitz" in die Haare bekommen, demonstrieren und uns gegenseitig sprichwörtlich „einen in die Fresse hauen". Gemäß dem Motto: wenn zwei sich streiten freut sich der Dritte. Der Spruch kommt nicht von ungefähr. Aber die Rechnung geht auf: die Autoindustrie verkauft ihre Elektroautos, der Staat hat durch die Preiserhöhung von CO_2-Emissionen seinen Gewinn und die deutsche Industrie wandert ins Ausland ab. So wird langsam aber sicher aus einem stark exportierenden Weltmeister namens Deutschland ein „Agrahansel" gemacht.

Kehren wir lieber wieder zurück zu dem Sachverhalt des Co_2-Anstiegs.

Grundlegend ist, dass die Jahreszeiten nicht von der Entfernung der Erde zur Sonne abhängig sind, sondern die Neigung der Erdachse gegenüber der Ekliptik - der Ebene der Erdbahn um die Sonne - von rund 23,5°. Mit den Jahreszeiten steigt und fällt auch das CO_2 zyklisch. Was aber hier sehr wohl eine Rolle spielt ist die elipsenförmige Umlaufbahn um die Sonne. Die folgenden drei wichtigsten Veränderungsparameter der Erdumlaufbahn sind:

- Exzentrizität – Änderung der Form der Erdumlaufbahn,

- Obliquität – Änderung der Neigung der Erdrotationsachse,

- Präzession – Richtungsänderung der Erdachse.

Diese Effekte überlagern sich und führen zu langfristigen Veränderungen der Intensität, mit der die Sonne zu verschiedenen Jahreszeiten auf die Erde strahlt. Diese sogenannten Milanković-Zyklen führen zu natürlichen Erderwärmungen. Diese laufen jedoch in Zeitspannen von Jahrtausenden ab und sorgen, isoliert betrachtet, nur für eine geringe Erderwärmung. Was jedoch passiert ist, dass die Ozeane erwärmt werden und somit die CO_2-Löslichkeit des Wassers verringert wird.

Folglich entweicht mehr Kohlendioxid aus dem Ozean in die Atmosphäre und somit ist auch ein höherer CO_2-Gehalt in der Luft zu messen. Natürlich mag dieser Zyklus sich auf 800 bis 1.000 Jahre erstrecken. Wer sagt aber, dass wir in unserem Jahrhundert nicht im letzten Drittel dieses Zyklus angekommen sind. Wir wissen, dass unsere Erde eine Vulkanzeit, gefolgt von einer Eiszeit hatte. Diese waren nicht kurz hintereinander. Was war zwischen diesen Zeiten? Ist es nicht so, dass die Erde, alle paar tausenden von Jahren, einem natürlich wiederkehrendem Zyklus unterliegt? Folglich wird in ein paar tausenden von Jahren wieder eine Vulkanzeit entstehen. Das stete Schmelzen der Eisflächen ist eben ein Bestandteil des „Lebenszyklus" unserer Erde.

Ein jedoch weiterer Faktor, und hier tatsächlich von Menschen gemacht, sind die Ozonlöcher in der Atmosphäre. Diese wurden durch das früher benutzte und mittlerweile verbotene FCKW (Treibstoff in Sprühdosen) verursacht. Hierdurch gelangen ultraviolette Sonnenstrahlen ungefiltert auf die Erde, verursachen Sonnenbrand, Hautkrebs und unterstützen die globale Erderwärmung.

Natürlich beschleunigen wir Menschen den Erwärmungsteil dieses Erdzyklus, wenn wir die natürliche Klimaanlage unserer Erde herunterfahren: Abholzung des Regenwaldes, Überfischung der Meere und Belastung der Meere mit Versenkung von Giftstoffen. Die Folge ist die Störung eines autonomen und komplexen Biosystems, welches für eine Co2-Elimination und O2-Produktion verantwortlich ist. Aber wir fordern verringerten CO_2-Ausstoß von Industrie und Fahrzeugen, usw. Dies ist vergleichbar als würden wir an einem heißen Sommertag , die Klimaanlage im Auto drosseln, die Autofenster schließen, und unsere Mitfahrer im Auto auffordern, sie sollen das Schwitzen einstellen, flacher atmen und nicht so viel Körperwärme produzieren. Und als gute Geschäftsleute verkaufen wir ihnen gegen teures Entgelt Kühlakkus, die wir aus dem Kofferraum holen. Selbstverständlich aus der Kühlbox, die von der Autobatterie betrieben wird. Und wer dann immer noch viel Körperwärme abgibt muss einen Straf-Obolus in die Kaffekasse zahlen. Anschließend stacheln wir alle Mitfahrer auf sich gegen Körperschweiß zu solidarisieren und gegen die Erwärmung in Autos zu demonstrieren. Selbstverständlich entsteht auch noch eine Organisation „Friday for Cars". Für die Lobbyisten perfekt, denn der Umsatz an Kühlakkus läuft und fährt satte Gewinne ein.

Und? Endlich die Parallelen zu „Friday for Future" und ihrer Hauptdarstellerin erkannt? Genauso läuft es ab. Und alle fallen darauf herein.

Kurz und knapp: es geht in Wirklichkeit um den Emissionshandel mit CO_2-Zertifikaten und dem harten Business der Industrie dahinter. Offiziell wird durch das Bundesministerium für Umwelt, Naturschutz und nukleare Sicherheit erklärt, dass Emissionshandel ein marktwirtschaftliches Instrument ist, mit dem die Emissionen von Kohlenstoffdioxid (CO_2) und anderen Treibhausgasen gesenkt und so das Klima geschützt wird.

Fakt ist, dass mit diesen Emissionspapieren Handel getrieben wird. Die CO_2-Emissionsrechte für einen Ausstoß werden beim EU-Emissionshandelssystem (EHS) derzeit mit etwa 25 Euro pro Tonne (bis Ende 2021) taxiert. Und je größer der Druck durch die Gesellschaft im Sinne der Co_2-Reduktion, umso teurer werden diese Papiere. Für die, die im Emissionshandel unterwegs sind, ist es eine Goldgrube mit Milliarden Euro Gewinn.

Laut dem World Energy Outlook der Internationalen Energieagentur (IEA) wird die Energienachfrage in 2020 angesichts der Covid-19-Problematik zwar um fünf Prozent sinken. Es wird sogar erwartet, dass der Ölverbrauch um acht Prozent und die CO_2-Emissionen um sieben Prozent zurückgehen werden. Analysten gehen aber davon aus, dass die Preise in 2021, aufgrund eines stärkeren Wirtschaftswachstums und eines geringeren Angebots an CO_2-Zertifikaten, steigen werden. Steigende Kosten für den Ausstoß von CO_2 werden die Unternehmen in den kommenden Jahren aber nötigen, in umweltfreundlichere Herstellungstechniken zu investieren oder weitere teure CO_2-Zertifikate zu erwerben. Insbesondere Produzenten aus energieintensiven Sektoren werden hiervon betroffen sein. Hierzu zählen in Europa vor allem Stahlkonzerne und Unternehmen aus der Chemiebranche.

Dieses Beispiel soll verkürzt die Machenschaft von Manipulation und die Lenkung von Menschen im Sinne des Wirtschaftsgewinnes aufzeigen. Gewinner sind hier nicht die Demonstranten, nicht die Politiker, nicht die Lobbyisten, sondern die Eliten, die im Hintergrund ihre Fäden ziehen. Wirtschaftlicher Verlierer ist der Mittelstand und manipulierte Verlierer die Menschen, die sich für die Interessen anderer, ohne kritisch zu hiterfragen, vor deren Karren spannen lassen und, vor Covid-19, noch u.a. jeden Freitag demonstrierten.

Das Traurige daran: die Menschen glauben an das, was man ihnen vorgaukelt, so dass sie jeden als Lügner oder Verschwörungstheoretiker bezeichnen der ihnen die Augen öffnen möchte.

Oder anders ausgedrückt: „Es gibt kein gutmütigeres, aber auch kein leichtgläubigeres Volk als das Deutsche. Keine Lüge kann grob genug ersonnen werden: Die Deutschen glauben sie. Um eine Parole, die man ihnen gab, verfolgen sie ihre Landsleute mit größerer Erbitterung als ihre wahren Feinde." (Quelle: Zitat aus dem Napoleon-Pamphlet von Joseph Görres, 1814).

1.2. Verleugnung und Ablehnung - ein strategischer Zug der Eliten

Wie wurden in Russland die Menschen verhöhnt und als Verschwörungstheoretiker abgetan, die behaupteten, dass die U-Bahn Linie 2 eine geheime Linie sei, die unter der Erde Moskaus eine geheime Stadt anfährt.

Letztendich wurde nach über 8 Jahren dieser Gerüchte und Verschwörungstheorien durch einen Whistleblower bestätigt, dass es eine geheime militärische Einrichtung unter der Stadt gibt und diese noch aus dem kalten Krieg stammt. Sie sollte die Regierung und Teile der Bevölkerung Moskaus vor einem Atomangriff schützen.

Bis heute, so wird von Russen berichtet nutze der russische Geheimdienst diese Einrichtungen als Koordinierungsstelle für seine Auslandseinsätze. Darüber hinaus seien die Tunnelsystem so beschaffen, dass nicht nur die U-Bahn durch die Tunnel fahren kann, sondern auch große Schwerlastkraftwagen um diese unterirdische Stadt mit allem möglichen zu versorgen.

Zuerst ein Mythos, dann eine Verschwörungstheorie und zum guten Schluss doch die Wahrheit? Bis heute dementiert Russland dass es die Linie 2 gibt und/oder diese unterirdische Stadt. Interessant ist, dass wer in dem U-Bahn-System nach den Schienen dieser Linie 2 oder sogar nach dieser unterirdischen Stadt sucht und dabei erwischt wird, wegen versuchten Hochverrats verhaftet wird.

Warum wird dieses Beispiel an dieser Stelle erwähnt? Weil es auch in Deutschland viele Themen gibt, die als Verschwörungstheorien abgetan werden. Aber die Logik sagt uns, dass es eben keine Verschwörungstheorien sind. Leider wird uns erst durch das Eintreffen des vorausgesagten Ereignisses gezeigt, dass hier die Wahrheit gesagt wurde. Nur ist es dann zu spät etwas dagegen zu unternehmen, weil es bereits fest implementiert wurde. Das an dieser Stelle gerne erwähnte Ereignis ist der Mauerbau in Berlin. „Nein, niemand hat die Absicht eine Mauer zu errichten!" sagte DDR-Staats- und Parteichef Walter Ulbricht am 15. Juni 1961 in einer Pressekonferenz. Zwei Monate später wurde die Berliner Mauer gebaut und Ulbricht ging als einer der größten Lügner in der Geschichte hervor. Vorher wurden alle die behaupteten, dass es so geplant sei als Verwirrte und „falsch informierte Schwachköpfe" denunziert.

Den Verschwörungstheoretikern wird auch angekreidet, dass sie sich die Sachen immer so geschickt zurechtlegen, um ihre Argumente als Verschwörungstheorie aufrecht zu erhalten. Somit würden sie in der Argumentationskette quasi den „Teppich von der anderen Seite aufrollen", um so abstruse Theorien zu verbreiten. Ist dem so? Wer nimmt sich denn das Recht heraus als Wahrheitsapostel die Meinung anderer als falsch herunterzuputzen? Kritischer Dialog entsteht durch These und Antithese.

Grundsätzlich sollte man sich fragen, warum wird jemand zum vermeintlichen Verschwörungstheoretiker? Um sich interessant zu machen? Um seine vorgefertigte Meinung aufrecht zu erhalten? Leidet er an Verfolgungswahn und muss in psychiatrische Behandlung?

Nun die größte Keule neben der „Nazi-Keule" um jemanden mundtot zu machen ist die „Psycho-Keule". Jemanden, aufgrund seiner Meinung und seiner eigenen Recherche als unzurechnungsfähig zu erklären dient nur dazu ihn seiner Persönlichkeit zu berauben.

Die Menschen, die zu Oppositionellen werden, haben nicht nur „eine einfache Meinung", sondern sind so intelligent, dass sie mit ihren begrenzten Mitteln umfassend recherchieren und Beweise finden. Dann treten sie, wie einst David gegen Goliath, ihren Kampf an. Leider nicht immer mit Erfolg, denn sie werden als Mensch abgelehnt und die Beweise sind nur noch Spinnereien ohne Substanz. Tatsachen werden verleugnet und abstruse Gegenbeweise geliefert. Die Hexenprozesse oder die Inquisition zeigen eine sehr gute Strategie, wie man anders Denkende, mit viel Geschick und Unterstützung des Pöbels, aus dem Verkehr ziehen konnte; und dies für immer. Heute wird niemand auf dem Scheiterhaufen verbrannt oder geviertteilt. Es gibt modernere Möglichkeiten jemanden „aus dem Verkehr" zu ziehen.

Erinnern wir uns nur an den herbeigeführten Skandal wegen einer Doktorarbeit des Bundesministers Karl-Theodor zu Guttenberg. Die Folge war die freiwillige

Räumung des Ministerstuhls. Warum musste er gehen? Warum fingen die „Wühlmäuse" an in seinem Leben nach Möglichkeiten zu suchen, um ihn aus dem Amt zu hebeln? Welche politischen Ambitionen standen dahinter?

Oder schauen wir uns die Amtszeit von Bundespräsident Christian Wulff an. Vielen Politikern, aber vor allem Mitgliedern des Kabinetts der Bundesregierung, passte seine Kritik und Einmischung in deren Politik nicht. Er hatte im Herbst 2012 angekündigt, dass er den ESM-Vertrag nicht unterschreibt. Durch das Ermächtigungsgesetz „ESM" sollte eine Behörde eingerichtet werden, die uneingeschränkten Zugriff auf alle staatlichen, unternehmerischen und privaten Bankkonten haben sollte. Des Weiteren hätten die Mitarbeiter dieser neuen Behörde rechtliche Immunität erhalten und deren Handlungen und Dokumente durften geheim gehalten werden. Somit sollte ein neuer Machtapparat für die Hochfinanz geschaffen werden. Da Wulff sich als Bundespräsident weigerte hierzu seine Unterschrift zu geben wurden die „Wühlmäuse" aktiviert, um eventuell belastendes Material über ihn zu finden und anschließend gegen ihn zu verwenden. Nach mehreren vergeblichen Versuchen des „schmutzige Wäschewaschens", fand man nur eine Bagatelle und bauschte sie zu einem Großskandal auf. Die einseitig getriggerte Berichterstattung der Presse goss noch zusätzlich Öl in das Feuer. Diese „Presse" war aber nichts anderes als ein Medienkonsortium, dessen politische Interessen im Vordergrund standen und dem fairer Journalismus bis heute ein Fremdwort ist. Letztendlich ermittelte die Staatsanwaltschaft Hannover anlässlich einer fremd bezahlten Urlaubsreise nach Sylt. Die Begründung war der Verdacht der Vorteilsannahme im Amt. Natürlich beantragte die

Staatsanwaltschaft die Aufhebung von Wulffs Immunität als Bundespräsident, worauf dieser zurücktrat.

Nach 13 Monaten Ermittlungen, mit insgesamt 21 Verdachtsfällen, erhob die Staatsanwaltschaft in Hannover im März 2013 den Vorwurf der Bestechlichkeit über 400 Euro und beantragte den Erlass eines Strafbefehls über 20.000 Euro gegen Christian Wulff. In den übrigen 20 Verdachtsfällen konnten keine Verstöße von Wulff ermittelt werden. Die Staatsanwaltschaft erhob am 12. April 2013 Anklage wegen Bestechlichkeit und Bestechung beim Landgericht Hannover. Das Gericht ließ die Anklage am 27. August 2013 zu, reduzierte den Vorwurf jedoch auf Vorteilsannahme und Vorteilsgewährung. Am 27. Februar 2014 wurde Christian Wulff freigesprochen. Das Gericht erklärte außerdem, dass ihm für die erlittenen Durchsuchungen Schadensersatz zustehe. Die Staatsanwaltschaft legte am 5. März 2014 zwar Revision gegen das Urteil ein, nahm diese am 13. Juni 2014 jedoch wieder zurück, worauf der Freispruch rechtskräftig wurde. Die Bundesregierung hatte jedenfalls ihr Ziel erreicht: der Kritiker Christian Wulff war nicht mehr im Amt, wurde gesellschaftlich ausreichend denunziert und der neue Bundespräsident, Joachim Gauck, unterzeichnete das Ermächtigungsgesetz ESM. Und wer jetzt immer noch nicht an den „Deep State" und die „Eliten" hinter dem Vorhang glaubt ... müssen noch mehr Beispiele genannt werden, die das Offensichtliche offenbaren?

1.3. Das psychologische Spiel der Eliten

Was haben diese Beispiele mit dem Corona-Virus zu tun? Nun, die Corona-Pandemie wird als willkommener Deckmantel benutzt, um viele gesellschaftliche, finanzielle und politische Bereiche auf der Welt neu zu ordnen und die Menschen in ihrer Freiheit extrem einzuschränken. Der Trick dieser ausgerufenen Pandemie ist, dass die Menschen nicht auf die Straße gehen und gegen die einschneidenden Veränderungen mehrheitlich demonstrieren, da ihnen die Notwendigkeit dieser Maßnahmen als Schutz vor sich selber verkauft wird. Es wird zuerst Angst und Panik geschürt, es werden demonstrativ einschneidende Maßnahmen vorgenommen (Lock Down, Maskenpflicht) um die Menschen von einer immensen Gefährlichkeit zu überzeugen, die es in Wirklichkeit nicht gibt. Die Grippevirus-Epidemien haben mehr Todesfälle zur Folge gehabt als es bei dem Corona-Virus in 2020 der Fall ist.

Aber die Menschen werden durch Aktionismus der Regierung eingeschüchtert, erdulden Einschränkungen und werden gefügig gemacht. Die wenigen 20% die dann auf die Straße gehen haben, aufgrund des Kontaktverbots, der Mindest-Abstands-Regelung und der maximal zulässigen Anzahl an Demonstranten, keine Chance sich gegen die Regierung aufzulehnen und die Wahrheit breit zu fächern. Wobei Demonstrationen nie etwas in der Politik verändert haben, es sei denn sie sind zu einer Revolution angewachsen. Außerdem: Wahrheit wird selten von denen geglaubt, die bereits in den Manipulationsnetzen gefangen sind.

Mittlerweile tragen die Menschen länger als 30 Tage den Mundschutz und erleben Einschränkungen in ihren Aktivitäten des täglichen Lebens.

Psychologisch betrachtet werden regelmäßige Tätigkeiten, über mehr als 30 Tage durchgeführt, automatisch in unserem Bewusstsein als festes Programm abgespeichert. Wir erledigen dann diese regelmäßigen Tätigkeiten ohne weiter darüber nachzudenken. Als Beispiel sei hier das Abschließen der Haustüre bei Verlassen der Wohnung genannt. Oft fragen wir uns, ob wir wirklich abgeschlossen haben und können uns nicht daran erinnern. Unser Unterbewusstsein hat den Part des „Türeschließens" übernommen.

Genauso verhält es sich mit dem Tragen des Mundschutzes. Wenn wir in ein Geschäft gehen ziehen wir den Mundschutz auf ohne mittlerweile zu bemerken, dass wir dies tun oder darüber nachzudenken, ob es sinnig ist.

In Bezug auf die Meinung zu dem ganzen Corona-Sachverhalt wurden wir auch durch die gleichgeschalteten Medien (TV, Internet, Zeitschriften) bereits programmiert die Maßnahmen der Regierung für gut zu befinden. Dies merkt man in Gesprächen gerade mit älteren Bürgern, die die Demonstrationen gegen die Einschränkungen der persönlichen Freiheit ablehnen. Es kommen Kommentare, wie: „Die sind dumm; die holen sich alle Corona ... sollen sie doch ... Dummheit gehört bestraft ... wenn die sich anstecken, dann stecken sie andere an und sind dann eine Gefahr für die Allgemeinheit... diese Idioten ...“ Diese Aussagen zeigen nur, wie Menschen bereits durch Regierung und Staatsmedien so beeinflusst wurden, dass sie als Unterstützer der Regierung und Gegner gegen anders Denkende sind. Basierend auf einem Fehlurteil, dass sich alle auf einer Demonstration mit Covid-19 infizieren, von diesen Demonstranten eine Gefahr ausgeht und diese demonstrierenden Menschen alle einen geringen Intellekt haben. Komisch nur, dass dies bei einer Demonstration gegen die Restriktionen der Grundrechte der Fall ist, bei einer Demonstration gegen Rassismus und für Gendertum das Virus aber auf einmal inaktiv geworden zu sein scheint. Besser kann man das eigene Volk nicht gegen die eigenen Leute, gegen die Opposition, aufwiegeln.

Neben der neuro-linguistischen Programmierung erfolgt auch das „Priming" der Bevölkerung.

Was ist Priming? Dieser Begriff lässt sich mit dem Wort "vorbereiten" übersetzen. Es wird ein erster Reiz (Prime) durch das Gehirn aufgenommen, der die Interpretation und Reaktion auf die darauf folgenden Reize maßgeblich beeinflusst. Anders ausgedrückt: es wird ein Assoziationsfeld aktiviert, mit dem das darauf Folgende in Verbindung gebracht wird. Somit werden Emotionen, Gedanken und Handlungen nicht kontextlos und eben nicht aus dem Nichts erzeugt, sondern beziehen sich immer auf Vorhergehendes. Uns Menschen ist diese Verbindung mit dem Vorhergehenden aber nicht bewusst. Als Priming-Reize kommen Reize auf allen Sinneskanälen in Frage. Dies sind Worte, Bilder, Gerüche oder ausgelöste Empfindungen oder Gedanken und Erinnerungen, die durch externe Reize bei uns ausgelöst werden. Beim Priming geht es darum, die Denkweise subtil in eine bestimmte Richtung zu beeinflussen.

Als Beispiel sei hier das Priming in der Werbung aufgeführt. North et al. führten 1999 einen Versuch mit Besuchern eines Supermarktes durch. Im Weinregal des Supermarkts befanden sich zwei Weinsorten (deutscher und französischer Wein), die hinsichtlich Preis und Art identisch waren. Über zwei Wochen wurde abwechselnd am Weinregal französische Musik (Akkordeon) oder deutsche Volksmusik (Blasinstrumente) leise eingespielt. Wurde deutsche Volksmusik gespielt, wurde deutscher Wein bevorzugt gekauft und wenn französische Musik gespielt wurde, wurde mehr französischer Wein gekauft. Bei Befragen der Käufer gaben aber nur wenige an, dass ihre Kaufentscheidung durch die Musik beeinflusst worden sei. Die Beeinflussung fand im Unterbewusstsein statt und wurde somit nicht bemerkt. Es konnte manipulativ, durch Beeinflussung des Unterbewusstseins, ein gewünschtes Verhalten ausgelöst werden. Es lassen sich durch Priming nicht nur spontane Antworten, sondern auch Urteile und Handlungen beeinflussen, wie durch zahlreiche sozialpsychologische Experimente nachgewiesen wurde.

Für den Priming-Effekt gibt es verschiedene Erklärungsmodelle. Die gängigsten Modelle gehen davon aus, dass durch den ausgelösten Reiz bestimmte netzwerkartige Strukturen im Gehirn aktiviert werden, die mit diesem Reiz in Verbindung stehen. Bei der Wahrnehmung späterer Reize werden durch die Aktivierung dieser Netzwerkstrukturen Interpretationen bevorzugt, die mit der Interpretation des ersten Reizes in Verbindung stehen. Andere Interpretationen werden dagegen gehemmt.

Somit kann Meinung in der Gesellschaft durch Priming von Medien und Politik über Tage oder Wochen stattfinden, so dass die Bevölkerung nicht anders kann als durch dieses Priming so zu handeln, zu Schlussfolgern oder zu agieren, wie es gewünscht wird. Da aber nicht alle Menschen diesem Priming erliegen, funktioniert diese Beeinflussung nicht zu 100%. In der Bevölkerung kann dabei das Pareto-Prinzip (70:30) angewandt werden. 70% der Bevölkerung unterliegen dem Priming, wogegen 30% der Bevölkerung diesem Priming widerstehen. Diese 30% bilden die Opposition, die Gegner, welche aber wiederum durch die Programmierung der anderen 70% als Lügner, Verschwörungstheoretiker und als Widersacher angesehen und bekämpft werden.

Da der Priming-Effekt auf unbewusster Ebene stattfindet, haben wir den Eindruck, dass unsere durch den Reiz beeinflussten Wahrnehmungen und Handlungen auf unseren eigenen Ideen basieren - vor allem dann, wenn der Priming-Reiz nicht bewusst als solcher wahrgenommen wurde. Folglich sind wir von unserem Standpunkt überzeugt und verteidigen diesen blauäugig mit den uns vorgegebenen Argumenten.

Dank zahlreicher wissenschaftlicher Studien konnte nachgewiesen werden, dass sich durch Priming gravierende Urteile beeinflussen lassen, die sich Menschen über andere Menschen machen.

Durch die gleichgeschalteten Medieninformationen und das Verhalten der Bundesregierung in Bezug auf das SARS-CoV-2-Virus und der ausgerufenen Pandemie kann unzweifelhaft ein Priming der Bevölkerung in dieser Sache bestätigt werden.

Und Mitte Juli 2020 wurde damit weitergemacht, als Sachsens Ministerpräsident Michael Kretschmer verkündete, dass die zweite Corona Welle bereits da sei; dass die Menschen in Ost und West in dieser Krise gleich ticken würden und es auch 30 Jahre nach der Wiedervereinigung keine Unterschiede gebe. Corona sei der beste Beweis dafür, dass dieses Land zusammengewachsen sei. Diese Aktion von Kretschmer war nichts anderes als das Einschwingen von Zustimmung auf zukünftige freiheitliche Einschränkungen der Bürger unter dem Deckmantel einer vermeintlichen zweiten „Corona-Welle". Einschmeichelnde Worte mögen vielleicht Kinder, wie früher die Indianer denen man Glasperlen schenkte, beeindruckt haben, aber keinen mental aufgeweckten Deutschen auch nur ansatzweise jucken. Natürlich bekam Kretschmer von dem „SPD-Gesundheitsexperten" Karl Lauterbach prompt politische Unterstützung. Verständlich, oder? Würde Herr Lauterbach, wenn es um seine politisch harte „Corona-Ideologie" ginge, nicht sogar Klatschen und Singen verbieten lassen? Das die Zeit der Sommergrippe vor der Tür stand und diese Tatsache missbraucht wurde um vorab wieder strategisch Angst und Schrecken als Einschüchterungstaktik zu verbreiten … hätte jedem sofort einleuchten müssen. Da die Mehrheit der Deutschen mittlerweile auf die Abstandregelungen pfiffen und die restriktiven Maßnahmen der Bundesregierung im stillen Kämmerlein als Schwachsinn entlarvt hatten, musste politisch wieder Druck auf die Bevölkerung ausgeübt werden. Und was gab es da nichts Besseres als eine zweite Welle heraufzubeschwören. Hätte man bis Juli 2020 genauso viele Menschen auf Grippe getestet, wie auf das Corona-Virus, so hätten die Politiker keine Möglichkeit gehabt ihr sinnloses Corona-Statement in der politischen Sommerpause von sich zu geben nur um in den Medien erwähnt werden zu wollen. Es war doch mehr als offensichtlich, was die Politik mit diesem Getue wirklich bezweckte. Und da man merkte, dass die Bevölkerung nicht mehr mitspielte wurden die Bußgelder gegen die Maskenpflicht nicht nur drastisch erhöht, sondern auch Dienstanweisungen an Polizei und Ordnungsamt angeordnet mit voller Härte gegen Restriktionsverweigerer vorzugehen.

Ist das Tragen des Mundschutzes in Deutschland nicht eher als ein Maulkorb zu verstehen, und durch Priming, erst gar nicht den Mund gegen die Einschränkungen aufzumachen, sondern alles zu erdulden und über sich „ergehen zu lassen"?

Ist diese „Corona-Situation" erst der Anfang einer weitergehenden „Programmierung" der Bevölkerung, um weiterhin die persönliche Freiheit, die Meinungsfreiheit und die persönlichen Rechte zu beschneiden? Aber die Bevölkerung ist nicht dumm. Sie kann 1+1 zusammenzählen! Seit Juni 2020 zeichnete sich in Deutschland ein stiller Widerstand gegen die Restriktionen ab. Dies führte dazu, dass zum Schwimmen freigegebene Baggerseen wieder geschlossen wurden und viele geplante Veranstaltungen wieder abgesagt wurden. So ist das eben. Macht das Volk nicht, was der Souverän will, so werden Brot und Spiele eben eingestellt oder reguliert. Das wusste man schon im alten Rom.

2. Akte Covid-19/1: Das Finanz-, Politik- und Wirtschaftssystem

In den Jahren 2008/2009 hatte die Weltwirtschaft wieder einmal eine Krise. Diesmal war in den USA die gewaltige Immobilienblase geplatzt, da der überwiegende Teil von Immobilienbesitzern die Hypotheken nicht mehr bedienen konnte. Wegen erwarteter weiterer Wertentwicklung wurden Kredite auch an Schuldner geringer Bonität gegeben und Risiken als forderungsbesicherte Wertpapiere auf den globalen Märkten veräußert. Als sich die Wachstumserwartungen nicht erfüllten, vermehrten sich Rückzahlungsausfälle explosionsartig und konnten von den Banken nicht mehr abgefedert werden. Vom amerikanischen Hypothekenmarkt breitete sich die Krise auf die internationalen Banken und im weiteren Verlauf auf die Weltwirtschaft aus.

Die Banken konnten kaum noch die Qualität ihrer Bilanzaktiva einschätzen. Auch die Arbeit der Bankenaufsicht trug nicht zur Identifikation der in den Bilanzen des Finanzsektors schlummernden Risiken bei. Der Standortwettbewerb der Finanzplätze setzte die staatlichen Aufsichtsbehörden unter Druck, die nationalen Banken weniger streng zu kontrollieren und Finanzinnovationen weniger restriktiv zu regulieren. Die staatliche Bankenregulierung sank auf ein Mindestniveau.

Da sehr viele Immobilien, wegen Zahlungsausfall des Darlehens, versteigert werden mussten, gab es ein Überangebot auf dem Immobilienmarkt, was wiederum zum Preisverfall der Immobilien führte. Preisverfall von Immobilien belastete wiederum die Bautätigkeit, speziell am Häusermarkt, und bewirkte über verschiedene Kanäle einen wirtschaftlichen Abschwung in den USA. Die sinkenden Immobilienpreise reduzierten das Vermögen der Haushalte, die in der Folge wiederum ihren Konsum einschränkten. Somit reduzierte sich bis zum 4. Quartal 2008 das Nettovermögen der privaten Haushalte in den USA um rund 20%. Dadurch brach auch der Aktienmarkt ein, da mit sinkendem „Haushaltsindex" die Geschäftserwartungen der Unternehmen zurückgestuft wurden. Dies wiederum dämpfte die Anlageinvestitionen bei den Aktionären und folglich, sanken die Aktienwerte, da die Nachfrage an der Börse zurückging. Der Teufelskreislauf war geboren. Ein Übergreifen auf den Finanzsektor als Ergebnis höherer Ausfallraten von Hypothekenkrediten und der dadurch verursachten Abschreibungen auf Kreditforderungen und Wertberichtigungen von Anlagevermögen trübte die Bilanzen der Banken ein und senkte wiederum deren Kreditvergabebereitschaft, was den Teufelskreislauf „Wirtschaftskrise" noch weiter beschleunigte.

Dieses Problem betraf aber nicht nur die amerikanische Wirtschaft. Die deutschen Exporte in die USA gingen im Jahr 2008, gegenüber 2006, um über 8 % zurück. Als Folge der zurückgehenden Exporte und der problematischen Wertpapiere in den Bilanzen der europäischen Banken griff die Finanzkrise schnell global um sich. In der Folge waren Banken weltweit gezwungen, staatliche Unterstützung in Form von Garantien, Beteiligungen und Verstaatlichung anzunehmen und die Staaten verabschiedeten Ausgabenprogramme zur Unterstützung der Konjunktur (Deutschland lieferte in 2009/2010 die Konjunkturpakete I & II). War es anfänglich nur ein amerikanisches Problem von Hypothekenkrediten, so entwickelte sich über die komplexen Verflechtungen zwischen den Kredit- und Refinanzierungsmärkten eine Finanz- und Bankenkrise, die im weiteren Verlauf in einer weltweiten Rezession mit Kurzarbeit und Arbeitslosigkeit mündete.

Die amerikanische Investmentbank Lehman Brothers brach zusammen und der bis dahin weltgrößten Versicherer AIG, der jedoch von der US-Notenbank gestützt wurde, musste sich verkleinern. Darüber hinaus behinderte die Kreditkrise die Refinanzierung der Banken. In Deutschland musste die HypoRealEstate durch die Bundesregierung vor der Schließung gerettet werden. Die Commerzbank erhielt zwei stille Einlagen des Bundes in Höhe von insgesamt 18,2 Mrd. Euro. Zudem ging der Bund eine Beteiligung von 25% ein. Die deutschen Landesbanken waren ebenso von der Krise betroffen und mussten ihr Eigenkapital durch Einzahlungen und Garantien ihrer Eigentümer erhöhen.

In Europa musste der Fortis-Finanzkonzern von der belgischen und der niederländischen Regierung gerettet werden. Die stark am Verbriefungsmarkt aktive „United Bank of Switzerland" (UBS) wurde von der Schweizer Regierung vor dem Konkurs geschützt. In Großbritannien kam es zur Teilverstaatlichung der Institute Lloyds TSB und Royal Bank of Scotland. Die US-Regierung beteiligte sich an den größten Banken des Landes (Citigroup und Bank of America) und verstaatlichte zwei große Hypothekenfinanzierer (Fannie Mae und Freddie Mac), um das Land vor weiterem Schaden zu bewahren. Der Staat Island sowie dessen Finanzsektor standen vor dem Kollaps. Erst durch die Intervention der Zentralbanken (Zinssenkungen), der nationalen Regierungen (Verstaatlichungen, Beteiligungen, Garantien) und internationaler Institutionen wie dem IWF löste sich die kurzfristig eingetretene Kreditklemme unter den Banken und das Vertrauen der Einleger in die Banken normalisierte sich wieder langsam. Die Eigenkapitalprobleme der Banken und deren restriktiveres Kreditvergabeverhalten an Privathaushalte und Unternehmen waren

letztendlich der Brandherd der weltweiten Wirtschaftskrise.

Diese Wirtschaftskrise war erst Ende 2014 ausgestanden.
Der Aktienmarkt hatte sich beruhigt. Es wurden wieder
gute Renditen erwirtschaftet und die Investment-
Geschäfte liefen sehr erfolgreich. Da man aus der Bankenkrise gelernt hatte wurden neue Bankengesetze, die
verschiedene Vorschriften zu den Kapital- und Liquidi-
tätsanforderungen erhielten, verabschiedet, sowie schärfere Regularien eingeführt (Basel 3 ab 2011 und Basel 4
seit 2019).

Obwohl hier schärfere Regularien in Kraft getreten waren wirtschafteten die Großbanken mit ihren so genannten „Schattenbanken" wieder mit hohem Risiko an der
Börse. Die Folge war ein rasanter Anstieg der Aktienwerte, wobei diese mittlerweile nicht mehr den wirklichen
Unternehmenswert der Aktiengesellschaft darstellten,
sondern nur noch durch Angebot und Nachfrage ihren
Preis gestalteten. Seit 2018 warnten Wirtschaftsexperten
vor einer erneuten Wirtschaftskrise. Diesmal jedoch
nicht wegen einer „Immobilienblase", sondern wegen
einer „Aktien- und Geldhandelsblase".

Hinzu kam noch die desolate Situation der Europäischen
Union. Die Europäische Union hatte nicht mehr die
Möglichkeit sich weiter auszudehnen und hatte somit
auch Finanzprobleme. Deutschland ist bis heute zwar
einer der größten Einzahler in den EU-Finanztopf, dies
reicht jedoch bei weitem nicht aus die Europäische Union wirtschaftlich stabil zu halten. Neben der Griechen-
landkrise mit dem drohenden Grexit setzte Großbritannien seien Austritt aus der EU um und fiel als zukünfti-
ger Geldgeber weg. Außerdem hatte die EU mit der Eu-
ro-Währung in den letzten 6 Jahren schwer zu kämpfen

gehabt, denn nicht alle Staaten wirtschaften wie vertraglich vereinbart. Sie machten wieder Neuverschuldungen oberhalb der Verschuldungsgrenze und belasteten somit den Euro und seine gesamte finanzielle Werthaltigkeit innerhalb der EU. Nicht umsonst sank der Euro von EUR/USD von 1,41 auf 1,12 innerhalb weniger Jahre. Das der Euro in 2020 wieder einen leichten Aufschwung erhielt verdankte er lediglich dem schwachen US-Dollar und der Politik Trumps. Die folgende Grafik verdeutlicht die EU-Politik und den damit verbundenen Anstieg bzw. Abfall des Euros.

Nachdem in 2002/2003 eine Rezession in der Eurozone herrschte und die USA gute Wirtschaftszahlen zeigten rutschte der Euro/USD unter die 90-Cent-Marke. Danach begannen der Immobilienboom in den USA und der wieder wachsende Welthandel der EU, allen voran Deutschland. In 2009 stand der EUR/USD bei 1,55.

Abbildung 7: EUR/USD
Quelle: Forex-Markt, Tradingplattform MQL5, 2020

Dann platzte die Wirtschaftsblase (EUR/USD 1,25), in Deutschland begann das 2009 eingeführte Konjunkturpaket I zu greifen (EUR/USD 1,49), welches aber nicht

ausreichte (EUR/USD fiel wieder auf 1,21). Die Bundesregierung schob Konjunkturpaket II nach und der
EUR/USD wuchs wieder auf 1,49 an. Dies alles kostete
nicht nur Kurzarbeit und Arbeitslosigkeit, sondern den
Steuerzahler Geld in Milliardenhöhe. Langsam erholt
hatte sich die deutsche Wirtschaft ab 2014. Jedoch hatte
niemand aus den Ereignissen in 2008/2009 gelernt. Im
Gegenteil. Allen in der Finanz- und Wirtschaftsbranche
war nun bewusst: sollte es wieder einen Crash geben, so
werden uns die Regierungen dieser Welt retten. Letztendlich stiegen die Aktien wieder unaufhörlich und zeigten nicht mehr den realen Unternehmenswert, sondern
den Spekulationswert an.

Die nächste Wirtschaftsblase entstand. Diesmal jedoch
nicht primär bei den Banken, sondern im Börsenge-
schäft.

Der EUR/USD sank in seinem Wert weiter auf 1,08, obwohl die Wirtschaft boomte, da sich erneut ein paar der
EU-Mitgliedsstaaten neu verschuldeten, was die Eurozone weiterhin belastete.

Damit die Europäische Union weiterhin Fortbestand
hatte, benötigten die hoch verschuldeten Mitgliedsstaaten starke Finanzspritzen. Diese wurden aber nicht vom
EU-Parlament genehmigt, da die wirtschaftsstarken
Staaten nicht einsahen, warum sie für die Misswirtschaft
der anderen Mitgliedsstaaten aufkommen sollten.

Es war seit 2019 nur noch eine Frage der Zeit, bis alle
EU-Staaten ihre volle staatliche Souveränität in Kraft
gesetzt hätten. Großbritannien setzte bereits zum Brexit
an. Das Konstrukt eines Europa-Staates wäre dann be-
erdigt worden und aus der EU wäre nur noch eine auf

den reinen Handel bezogene Europäische Wirtschaftsgemeinschaft, wie früher (EWG), geworden.

Wollte dies Brüssel nicht zulassen? Wollten die Eliten keinen Zerfall der EU um ihre wirtschaftlichen Interessen in Europa zu wahren?

Wäre die EU aufgelöst worden, so wären die nationalen Währungen der Staaten wieder eingeführt worden. Neben der bereits entstandenen neuen Wirtschaftsblase wäre dies für die Weltwirtschaft verheerend geworden. Durch den wirtschaftlichen Zerfall der dann ehemaligen schwachen EU-Staaten hätten diese die noch wirtschaftlich starken Staaten in den Abgrund gezogen. Die Wirtschaftsblase wäre vorzeitig geplatzt, die Staaten hätten mit neuen Staatsverschuldungen ihre neue Hauswährung direkt in den Keller gefahren. Eine Megainflation wäre die Folge gewesen. Die sozialen Folgen hätten eine Arbeitslosigkeit von bis zu 40% der Gesamtbevölkerung zur Folge gehabt, gefolgt von inneren Unruhen. Die Staatssicherheit wäre nicht mehr gewährleistet gewesen. Ein Horrorszenario wäre entstanden. Das so etwas weder die Eliten noch Brüssel und erst recht nicht die USA, welche durch die europäische Krise auch wirtschaftlich gestrauchelt wären, zulassen konnten, musste eine Lösung her, um genau dieses sich abzeichnende Schreckenszenario zu verhindern.

Da die chinesische Wirtschaft zusätzlich die europäische und amerikanische Wirtschaft belastete und im Falle dieses Horrorszenarios als wirtschaftliche Supermacht hervorgegangen wäre, musste die Lösung für die Weltwirtschaft wie folgt lauten:

- Chinas Wirtschaft schwächen;
- die Europäische Wirtschaft stabilisieren;

- die schwächende amerikanische Wirtschaft
(America first) wieder nach vorne bringen.

Dies würde aber nur gelingen, wenn man unter einem Ereignis die „Luft" aus der Wirtschaftsblase ablassen könnte, so dass diese nicht platzt. Natürlich gäbe es Kurzarbeit, eventuell einen geringen Anteil an neuen Arbeitslosen, und Kurseinbrüche an der Börse, aber das Chaos in Europa, welches sich bereits durch die Demonstrationen der Gelbwesten in Frankreich abzeichnete, würde verhindert. Die internationale Lösung wäre hierbei der Ausbruch eines natürlichen Ereignisses gewesen, damit niemand auf der Welt den Banken, den Wirtschaftsbossen oder den Politikern die Schuld für den heftigen Wirtschaftseinbruch in die Schuhe schieben konnte. Nur, wie sollte so eine Lösung für die Welt mit einem „Globalen Reset" aussehen?

Und jetzt lassen Sie uns doch einfach mal zu einen „Verschwörungstheoretiker" werden:

Die Banken waren bereits 2008/2009 bei den Verbrauchern in Ungnade gefallen und eine Wiederholung hätte zu dem Verlust des geplanten kontrollierten Wirtschaftsabbrennens geführt. Da Ebola oder die Pest wegen ihrer Unkontrollierbarkeit zu gefährlich waren, jedoch bereits seit Jahren in der Wissenschaft Coronaviren untersucht und erforscht wurden, fanden die Eliten die Lösung: das Corona-Virus in einer speziellen Variante, welches nur kurzfristig tödlich ist, welches niemals einen Hinweis auf gentechnische Veränderungen liefert und sich in der Folgegeneration in die Gruppe der Grippeviren einreiht. Dieses Virus könnte dann durch Impfung der Bevölkerung nicht mehr gefährlich werden oder ordnet sich, durch Mutation, in die Gruppe der Grippeviren ein.

Mit dieser Maßnahme wäre die Wirtschaft gerettet, die Staaten würden ihre innere Souveränität beibehalten, die Aktienmärkte wären nur kurzfristig belastet worden und man könnte, unter dem Deckmantel einer Virus-Krise, finanzielle Mittel freigeben, um die EU zu stabilisieren und als Folge auch den weltweiten Wirtschaftsmarkt wieder vorantreiben. Sollte dieser Plan gelingen, so wäre dieser jederzeit bei Krisen umsetzbar. Da immer wieder neue Viren auf der Welt entdeckt werden oder neue Mutationen entstehen können, wäre dies eine perfekte Waffe, deren Anwender nie herausgefunden werden könnten und wenn, dann nur auf Basis reiner Spekulation.

Was für eine Verschwörungstheorie könnte man jetzt denken. Aber sprechen die Ereignisse in 2019 und 2020 nicht für solch einen verrückten und skrupellosen Plan? Was wäre, wenn, durch den Befehl der Eliten, Geheimdienste aktiv geworden wären?

Deutschland ist, neben Frankreich, das mächtigste EU-Land. Was wäre, wenn das Forschungslabor in Wuhan, mit Unterstützung einer ausländischen europäischen Regierung geheime Experimente mit dem Coronavirus durchgeführt hätte und dabei, durch eine Geheimdienstoperation, das Virus freigesetzt worden wäre? Der Verdacht wäre primär auf das chinesische Labor gefallen. Die beiden großen EU-Staaten wären fein raus. In Bezug auf die USA wäre wieder einmal ein Schatten auf die NSA und die CIA gefallen. Verwendbare Beweise hätte es nie gegeben. Das genetisch geschaffene Virus hätte, als bereits mutierte Variante, weitergegeben werden können. Bei der eingeleiteten Untersuchung im chinesischen Labor konnte keine gentechnologische Veränderung bestätigt werden. Wie sollte dies auch bei einer bereits geplanten Mutation möglich sein? Die Spuren wären somit verwischt worden. Und das „Ur-Virus" und die dazugehörigen Unterlagen aus dem Genlabor? Diese würde jeder Vernünftige rückstandslos vernichten. Und die namhaften Wissenschaftler, die eventuell etwas ausplaudern könnten? Die würden natürlich als erstes offiziell an dem Corona-Virus versterben. Die Öffentlichkeit würde selbstverständlich darüber informiert, dass sich besagte Wissenschaftler bei dem Versuch das Virus zu identifizieren oder bei der Entwicklung eines Impfstoffs, tödlich infiziert hätten. Somit wären auch eventuelle Whistleblower ausgeschaltet. Alles nur Fiktion? Lassen Sie uns kurz resümieren: welche Wissenschaftler oder Leiter von Gesundheitseinrichtungen verstarben kurz nach der Corona-Krise in China am Covid-19? Wie viele leitende Ärzte und medizinische Entscheider starben in China im Zeitraum von einem Monat nach Ausbruch des Virus in der Region um Wuhan am Virus? War dies wirklich nur Zufall oder waren diese Personen Wissenträger?

Oder steckte doch China hinter der „Covid-19-Aktion"? Nun, China litt an rückläufigen Wirtschaftszahlen. Außerdem hat China seit Jahrzehnten vor Wirtschaftsmacht Nr. 1 auf der Welt zu werden. Chinesische Unternehmen kaufen seit den letzten 20 Jahren immer mehr europäische mittelständische Unternehmen auf. Durch die Corona-Pandemie fielen die Aktien weltweit in den Keller. Mittelständische Unternehmen meldeten Kurzarbeit oder Insolvenz an. Chinesische Unternehmen kauften Aktien von den DAX-dotierten Unternehmen in dieser Phase und kauften sich in viele mittelständische Unternehmen ein. Hinzu kam noch der Verkauf von Immobilien von deutschen Unternehmen, um die eigene Liquidität zu erhalten. Auch hier kauften chinesische Investoren. Außerdem greifen diese bis heute das europäische Knowhow kontinuierlich ab. Dies sieht man nicht nur an der „Kopie-Herstellung" und den somit im Aussehen kaum unterscheidbaren hergestellten Originalprodukten, sondern auch an der strategischen Ausrichtung. So wurde bereits vor über 10 Jahren von den Chinesen ein Stahlwerk in Deutschland vollständig aufgekauft, am deutschen Standort abgebaut und in China wieder aufgebaut. Durch den Abbau wurden sämtliche Einzelteile von ca. 1.000 chinesischen Arbeitern in Deutschland akribisch dokumentiert. Jede einzelne Schraube und Niete wurde katalogisiert. Dadurch war es dem chinesischen Unternehmen möglich dieses Stahlwerk als Prototyp in China aufzubauen und es quasi „vom Band" zu reproduzieren. In China findet man heute in der Stahlindustrie dieses deutsche Stahlwerk um ein vielfaches 1:1 wieder. Erfindungen wird man in China sicherlich auch finden. Sind es aber nicht eher Weiterentwicklungen basierend auf europäischer, vornehmlich deutscher Ingenieurskunst, die dort zu finden sind? Und politische „Errungenschaften"? Unter diesem Aspekt sollte man sich Tibet anschauen und doch eher den im Exil lebenden Dalai-Lama befragen.

Wendet man nun seinen Blick von der Pandemie ab und betrachtet die wirtschaftlichen Folgen, so sind die strategischen Schritte bereits durchgeführt worden.

Am 21. Juli 2020 beschlossen, bei einem mehr als 91 Stunden dauernden EU-Sondergipfel in Brüssel, die EU-Staaten die durch die Corona-Pandemie verursachte Wirtschaftskrise in Europa mit einem Finanzpaket zu retten. Dieses Finanzpaket umfasste ca. 1,8 Billionen Euro, wobei Deutschland zusätzlich 10 Milliarden Euro jährlich dem EU-Haushalt zur Verfügung stellen wird. Mit den üblichen jährlichen Zahlungen in den EU-Topf liegt die Höhe der jährlichen Überweisungen Deutschlands dann bei 40 Milliarden. Nach Angaben der EU-Kommission hatte Deutschland in den letzten Jahren rund 25,5 Milliarden Euro pro Jahr in den EU-Haushalt eingezahlt. Somit hat sich die Zahlung fast verdoppelt. Diese 40 Milliarden sind deutsche Steuergelder, die Deutschland nicht mehr wieder sieht und letztendlich der Stützung und Entwicklung der deutschen Infrastruktur fehlen.

Dieser „Rettungsschirm" der EU gilt für einen siebenjährigen Haushaltsrahmen bis 2027 und enthält auch ein Konjunktur- und Investitionsprogramm in Höhe von 750 Milliarden Euro. Interessant dabei ist, dass die EU, das erste Mal seit Gründung, diese Gelder an die Mitgliedsstaaten verleiht und nicht die Europäische Zentralbank. Somit schafft die EU, erstmals in der Geschichte, eine Abhängigkeit der Mitgliedsstaaten von Brüssel. Sollte sich zukünftig ein Staat überlegen es dem Brexit gleichzumachen, so muss er erst einmal die Milliarden von Euros an Hilfsgeldern zurückzuzahlen. Dies wäre für das jeweilige Land mit der Exit-Strategie ein wirtschaftlicher Stolperdraht der zur Inflation, zur sozialen Destabilität und hoher Arbeitslosenzahlen führen würde. Dieser Staat wäre dann über Nacht handlungsunfähig. Es käme zu Demonstrationen und Unruhen. Die innere Landesstabilität wäre im höchsten Maße gefährdet. Ein besseres „Kundenbindungsprogramm" konnte die EU nicht auflegen. Und jetzt ist Corona zufällig aufgetaucht? Missbraucht die EU nicht die Pandemie, um sich politisch, unter dem Motto „Global Reset" eine neue „Europaordnung" zu bauen?

Ohne Corona wäre dieses Finanzpaket für die EU-Staaten niemals so schnell bewilligt, geschweige denn überhaupt erst zur Sprache gekommen. Corona machte es jetzt aber möglich und so wurden der Fortbestand und die Wirtschaft in der EU, diesmal unter dem Deckmantel einer Viruspandemie, wieder einmal gerettet. 2009/2010 waren es die Konjunkturpakete I und II, diesmal das EU-

Billionen-Paket. Wie bei allen Paketen waren es die Steuergelder der Bürger, die hier ihren Einsatz fanden, um die Wirtschaft zu schützen. Gelder die für Schulen, soziale Einrichtungen und zur Entwicklung der heimischen Infrastrukturen zukünftig fehlen werden. Aber die Altparteien in Deutschland werden, wegen des Primings der deutschen Bürger durch Medien und Politik, immer wieder erneut gewählt.

Parallel zu dem Corona-Soforthilfeprogramm befassten sich, am 09. Juni 2020, die EU-Finanzminister mit einem langfristigen Wiederaufbaufonds für die EU, um die Europäische Gemeinschaft in Zukunft zusammenzuhalten, um zukünftige Crash-Finanzierungen zu vermeiden. Zwei Tage später signalisierten die zunächst sehr skeptischen osteuropäischen EU-Mitglieder ihre Unterstützung. Die Finanzmärkte begannen die mögliche Verabschiedung des größten EU-Finanzfonds entsprechend an der Börse einzupreisen. Dieser Fond startet, neben dem Billionen Euro schweren Corona-Paket, in 2021. Einer der Hauptprofiteure dieses Pakets ist Italien. Die italienische Regierung rechnet ab 2021, neben den Zuschüssen aus dem 7-Jahres-Programm des Corona-Pakets, mit einem Zuschuss in Höhe von 82 Milliarden Euro und Krediten in Höhe von 127 Milliarden. Zuvor muss jedoch dieser EU-Aufbaufonds vom europäischen Parlament genehmigt und in allen 27 Mitgliedsstaaten ratifiziert werden.

Dieser Finanzierungsfond ist auch nichts anderes als die Steuergelder der reichen EU-Mitgliedsstaaten auf die ärmeren EU-Staaten zu verteilen, damit diese ihre wirtschaftliche Stabilität beibehalten und somit in Bezug der Mitgliedschaft bei „der Stange gehalten werden". Oder anders ausgedrückt: der deutsche Steuerzahler zahlt mit seinen Steuern den Erhalt der Wirtschaft von Staaten, die ihre Misswirtschaft bis heute nicht in den Griff bekommen haben. Warum sollten diese genau das auch wollen, solange sie immer wieder ihr sicheres „Taschengeld" von anderen erhalten? Und wenn man dann einen Teil zurückzahlen soll oder weniger erhält, dann macht man es einfach, wie Griechenland: drohen auszusteigen oder zu versuchen die Bundesrepublik Deutschland mit Reparationseintreibungen wegen des Schadens durch den zweiten Weltkrieg zu belangen.

Hierzu ein kleiner Ausflug in die Legitimität einer „Bundesrepublik Deutschland": Reparationsansprüche funktionieren nie, denn die Bundesrepublik Deutschland ist kein Nachfolgestaat des Deutschen Kaiser-Reiches und schon gar nicht eines Nazi-Reiches. Die Weimarer Republik war nichts anderes als ein Verwaltungskonstrukt unter der Fuchtel der Alliierten, und Hitlers „Deutsches Reich" war durch einen raffinierten Putsch (anders kann man es doch nicht nennen) aus dem Boden gestampft worden.. Ist die heutige Bundesrepublik Deutschland nichts anderes als eine aufgewärmte Weimarer Republik 2.0., eine Verwaltungseinrichtung des Deutschen (Kaiser-) Reiches mit dem Anschein eines souveränen Staates? Dies ist auch immer eine gern aufgenommene „Verschwörungstheorie". Ein souveräner Staat besteht aus einem Staatsvolk, einem Staatsgebiet und einer selbst gegebenen Verfassung. Ist „Deutsch" eine Staatsangehörigkeit? Wird eine Staatsangehörigkeit völkerrechtlich nicht immer nach dem jeweiligen Staat benannt? Es ist auf der Welt kein Staat „Deutsch" bekannt. Müsste dann die Staatsangehörigkeit nicht „Bundesrepublik Deutschland" lauten? Und der 2+4-Vertrag? Nun, Posen, Pommern, Schlesien, freie Stadt Danzig und Preußen wurden, dank der Zustimmung der BRD-Verwaltung (2+4-Vertrag), zur dauerhaften Verwaltung an Polen und Russland abgegeben. Somit wird es nie zu einer Vollendung der Einheit und somit der Freiheit für Deutschland als Ganzes kommen. Durfte der 2+4-Vertrag überhaupt von Seiten der BRD unterzeichnet werden? Die BRD ist nicht Rechtsnachfolger des Deutschen Reiches (Kaiserreich), sondern eine Neugründung einer Verwaltungsorganisation der Deutschen auf teilterritorealem Boden des damaligen Deutschen Reiches. Auch hierzu gibt es ein klares Urteil des Bundesverfassungsgerichtes!

Außerdem gibt es einen Protokollauszug aus dem Bundeskanzleramt (Quelle: Protokoll, S. 106, ISBN 3-486-56360-2) in welchem steht, dass nach Auffassung des Bundesverfassungsgerichts erst dann ein vollständiger Staat existiere, wenn der Bundesrepublik die anderen Teile des Deutschen Reiches in den Grenzen von 1937 angehörten Und dazu zählen auch Posen, Pommern Schlesien, Preußen und Danzig!

Somit wurde das in dem 2+4-Vertrag beschriebene „vereinte Deutschland" nie handlungsfähig hergestellt, da bis heute Teile dieses „vereinten Deutschlands" fehlen. Ist der 2+4-Vertrag jemals rechtswirksam ratifiziert worden? Ich denke nicht! Dies würde bedeuten, dass der 2+4-Vertrag nie in Kraft getreten ist! Wird in Schulen und von Seiten der BRD-Vertretern nicht behauptet, dass der 2+4-Vertrag sogar eine Art „Friedensvertrag" sei? Willkommen im Manipulations- und Verdummungs-System. Bei alledem müssen die Begriffe Deutschland, Deutschland als Ganzes, Bundesrepublik Deutschland, Vereintes Deutschland, usw. jeweils in ihrem Kontext betrachet werden. Während der eine von Deutschland spricht (und BRD meint), denkt der andere, dass dieser von dem „Vereinten Deutschland" (Grenzen wie vor 1937) spricht. Willkommen in dem Verwirrungsspiel einer Bundesrepublik Deutschland.

Übrigens: wer in den Archiven der Mitgliedsstaaten der Vereinten Nationen die Mitgliedschaft der „Bundesrepublik Deutschland" sucht, sucht vergeblich.

Am 3. Oktober 1990 wurde nämlich die „Bundesrepublik Deutschland" von Außenminister Hans-Dietrich Gentscher bei der UNO abgemeldet und es wurde statt dessen der NAME „Deutschland -"Germany" eingetragen und mit dem Zusatz: "Non-governmental-organization" versehen.

Als Verwalter des Deutschen Reiches (Kaiserreich!) kann die Bundesrepublik natürlich über Verwaltungsangelegenheiten bestimmen. Und die deutsche „Verfassung"? Nun, das Grundgesetz ist ein GRUNDgesetz. Warum heißt es nicht Basisgesetz oder Staatsgesetz? Weil es nichts anderes ist als ein „Handelsgesetz" oder besser gesagt: ein Gesetz auf Basis des Admiralrechts. Denn wo gibt es einen GRUND? Genau, am Boden des Meeres. Und wer bis heute behauptet das Grundgesetz sei eine Verfassung, der täuscht. Eine Verfassung muss von einer einberufenen Nationalversammlung verabschiedet werden. Und die Abgeordneten im Bundestag waren dies nie, denn diese sind nur die Volksvertreter und nicht das deutsche Volk! Und Artikel 146 des GG zeigt hier klare Worte: „Dieses Grundgesetz, das nach <u>Vollendung der Einheit</u> und Freiheit Deutschlands für das gesamte Volk gilt, verliert seine Gültigkeit an dem Tage, an dem eine Verfassung in Kraft tritt, die von dem <u>deutschen Volke</u> in freier Entscheidung beschlossen worden ist." (Quelle: Grundgesetz der Bundesrepublik Deutschland, https://www.gesetze-im-internet.de/gg/ BJNR000010949. html; Bundesamt für Justiz, Deutschland, 15.11.2020)

Somit muss offiziell das Grundgesetz als aufgelöst erklärt werden und die Verfassung, geschrieben von einer Nationalversammlung, offiziell in Kraft gesetzt werden. Dies geschah bis heute nicht. Einem Buch nur einen neuen Umschlag zu verpassen bedeutet nicht, dass der Inhalt neu geschrieben wurde! Und eine Vollendung der deutschen Einheit mit den restlichen Gebieten von 1937 gab es bis heute auch nicht. Und noch einmal: Posen, Pommern, Schlesien, freie Stadt Danzig und Preußen werden bis heute von Polen und Russland (Ostpreußen) verwaltet. Dies macht der 2+4-Vertrag möglich. Es wird nie zu einer Vollendung der Einheit und somit der Freiheit für „Deutschland als Ganzes" kommen.

Der 2+4-Vertrag war ein genialer Schachzug der Politiker das in Deutschland vorhandene Polit-System unendlich fortsetzen zu können. Somit wurde die zukünftige Möglichkeit einer Direktdemokratie durch das Volk, im Rahmen einer Wiedervereinigung als Ganzes, ausgeschlossen bzw. verhindert.

Erinnern wir uns an die Demokratie vor und in der Kaiserzeit: Es gab die Standesvertretungen und Arbeitervereine in den Parlamenten. Als Beispiel sei hier der Allgemeine Deutsche Arbeiterverein (ADAV) erwähnt. Ziel war die Vertretung der sozialen Interessen der deutschen Arbeiter. 1875 kam es zum Zusammenschluss von ADAV und der Sozialdemokratischen Arbeiterpartei (SDAP). Später wurde dieser Verein zu der „Sozialistischen Arbeiterpartei (SAP) und firmierte sich ab 1890 in „Sozialdemokratische Partei Deutschland" (SPD) um. Historisch wurden somit die Standesvertretungen zu Parteien. Ursprünglich sollten die Standesvertretungen im Parlament die jeweilige Zunft vertreten. Was wir heute in der Politik antreffen hat jedoch mit der damaligen Idee von Interessensvertretung von Berufsständen nichts mehr zu tun.

Der Vorteil reiner Standesvertretungen gegenüber den Politikern im Parlament wäre, dass Lobbyisten keinen

Einfluss mehr auf die Politik nehmen könnten, denn jede Standesvertretung sieht die Interessen der eigenen Berufsgruppen im Vordergrund. Und da alle Berufsgruppen gerne ihre Ziele durchsetzen wollen gäbe es im Parlament sicherlich Diskussionspotential, aber alle wären darauf bedacht für das Staatsvolk, wohlwollend sozial und Arbeitsplatz verbessernd, zu handeln. Nicht ohne Grund wurde zur Kaiserzeit das Sozialgesetzbuch eingeführt. Außerdem gab es eine sehr niedrige Steuer, so dass Unternehmen sich weiter entwickeln konnten und weitere Arbeitsplätze in Deutschland geschaffen wurden.

Es gehörte für die Großunternehmen zur moralischen und ethischen Grundaufgabe im Deutschen Kaiserreich von ihrem Gewinn Spenden an die Allgemeinheit zu vergeben. So baute Krupp Häuser für seine Angestellten. Großindustrielle bezahlten Brücken, bauten öffentliche Treppen und Übergänge für die Bürger, bauten Museen, Sportplätze und Stadien, bauten Bahnhöfe, usw. Heute kommt kein Großunternehmen auf diese Idee, weil eine Steuerprogression von bis zu 50% wohl eher keine Lust auf weitere Ausgaben verspricht. Und die 50% Steuern? Die verschwinden im BRD-Staatssäckel und werden für vieles wieder ausgegeben. Und wieviel davon für das eigene Volk? Und mit Corona und dem Soli-Paket blutet der deutsche Steuerzahler noch mehr. Und symbolisch tragen alle den Mundschutz als Mahnmal den „Mund zu halten".

Zurück zu dem Grundgesetz, soll hier auszugsweise die Rede von Karlo Schmid aufgeführt werden, damit jeder endlich versteht, was die Bundesrepublik Deutschland in Wirklichkeit ist! In Bonn ernannten 1948 ausländische Besatzungsmächte willkürlich ausgewählte Politiker zu parlamentarischen Räten.

Diese bastelten am Entwurf eines Grundgesetzes und mit diesen Entwürfen wurden sie 36 Mal in das Siebengebirge auf den Petersberg zitiert, wo die Vertreter der drei Westalliierten residierten. Diese dann jedes Mal im Entwurf der nicht gewählten parlamentarischen Räte herumredigiert.

Dann konstituierte sich der nicht gewählte, sondern von den Alliierten ernannte Parlamentarische Rat im Bonner Museum als provisorischer Bundestag und setzte das redigierte Grundgesetz für die alliierte Besatzungszone (später BRD genannt) in Kraft. Somit kann von Verfassung keine Rede sein, denn diese wird nie fremdbestimmt verfasst und schon gar nicht von einem (damals) besetzten Land.

Und was hat „Corona" damit zu tun? Nun, dank Corona-Problematik in der EU, den USA und Russland hat sich der Fokus auf die Souveränität der Einzelstaaten verschoben. Durch die Hilfs- und Fondpakete ist die EU, unter dem Motto „Dessen Brot ich fress, dessen Lied ich singe.", wieder politisch stärker geworden. Und mit einer Deutschen an der Spitze der EU und der BRD wird politisch alles möglich.

Hier aber nun Auszüge aus der öffentlichen Rede von Karlo Schmid vor dem Parlamentarischen Rat am 8. September 1948, die wohl mehr als deutlich macht, was die BRD letztendlich ist:

„Meine Damen und Herren! Worum handelt es sich denn eigentlich bei dem Geschäft, das wir hier zu bewältigen haben?

Was heißt denn: Parlamentarischer Rat? Was heißt denn: Grundgesetz? Wenn in einem souveränen Staat das Volk eine verfassunggebende Nationalversammlung einberuft, ist deren Aufgabe klar und braucht nicht weiter diskutiert zu werden: Sie hat eine Verfassung zu schaffen.

Was heißt aber Verfassung? Eine Verfassung ist die Gesamtentscheidung eines freien Volkes über die Formen und die Inhalte seiner politischen Existenz.

Eine solche Verfassung ist dann die Grundnorm des Staates. Sie bestimmt in letzter Instanz, ohne auf einen Dritten zurückgeführt zu werden ..., die Abgrenzung der Hoheitsverhältnisse auf dem Gebiet und dazu bestimmt sie die Rechte der Individuen und die Grenzen der Staatsgewalt.

Nichts steht über ihr, niemand kann sie außer Kraft setzen, niemand kann sie ignorieren. ...

Wenn wir in solchen Verhältnissen zu wirken hätten, dann brauchten wir die Frage: Worum handelt es sich denn eigentlich? nicht zu stellen ...

... wo das Volk sich lediglich in Funktion des Willens einer fremden übergeordneten Gewalt organisiert, sogar unter dem Zwang, gewisse Direktiven dabei befolgen zu müssen, und mit der Auflage, sich sein Werk genehmigen zu lassen, entsteht lediglich ein Organismus mehr oder weniger administrativen Gepräges.

... Nur das gesamte deutsche Volk kann volkssouverän handeln, und nicht ein Partikel davon. ...

Dazu möchte ich sagen: Eine Verfassung, die ein anderer zu genehmigen hat, ist ein Stück Politik des Genehmigungsberechtigten, aber kein reiner Ausfluss der Volkssouveränität des Genehmigungspflichtigen! ...

... Wir haben unter Bestätigung der alliierten Vorbehalte das Grundgesetz zur Organisation der heute freigegebenen Hoheitsbefugnisse des deutschen Volkes in einem Teile Deutschlands zu beraten und zu beschließen. **Wir haben nicht die Verfassung Deutschlands oder Westdeutschlands zu machen. Wir haben keinen Staat zu errichten.**" (Quelle: Rede des Abgeordneten Dr. Carlo Schmid (SPD) im Parlamentarischen Rat am 8. September 1948; http://artikel20gg.de/Texte/Carlo-Schmid-Grund satzrede- zum-Grundgesetz.htm; Deutschland; Zugriff 18.10.2020)

Somit zur Klarstellung:

- eine Verfassung wird durch ein freies Volk (!) in einem souveränen Staat geschaffen,

- Grundgesetz für die Bundesrepublik Deutschland ist keine Verfassung, sondern immer noch das Grundgesetz,

- durch die Gründung der Bundesrepublik Deutschland wurde lediglich ein „administrativer/ verwaltender Organismus" (eine Treuhand) geschaffen, deren Aufgabe es ist, bei einer vollständigen Wiedervereinigung, die gesamte Verwaltung an den dann neuen Staat (Souverän) zu übergeben.

- Die Politiker der Bundesrepublik Deutschland haben durch den 2+4-Vertrag dafür gesorgt, dass es nie eine vollständige territoriale Wiedervereinigung geben wird und somit nie der wirklich ursprüngliche souveräne Staat in Kraft gesetzt werden kann: Deutschland mit der Verfassung von 1849, respektive der Verfassung von 1871, in den Grenzen von vor 1937.

An dieser Stelle muss auch mal hinterfragt werden: wenn die Bundesrepublik Deutschland ein souveräner Staat ist, wo kann die dazugehörige Staats-Gründungsurkunde eingesehen werden? Wo bzw. in welchem „Deutsch historischen Museum" kann man diese betrachten? Bei der Recherche hat der Autor keine gefunden!

Bedauerlich oder nicht. Fakt ist, dass wir die Gegebenheiten einer „Bundesrepublik Deutschland" zu akzeptieren haben und in ihr nach den vorhandenen Gesetzen, und vor allem nach dem Grundgesetz, leben und handeln müssen.

Was wird aber, unter dem Deckmantel des Corona-Virus, aus Deutschland momentan gemacht? Ein sozialistisches Gebilde mit immer stärkeren Gesetzen um die Rechte der Deutschen einzuschränken und noch besser kontrollieren zu können. Letztendlich ist Deutschland nur ein Puzzle-Stück vom Großen und Ganzen. Laut den Verschwörungstheoretikern wird angeblich unter dem Deckmantel einer Pandemie eine neue Weltordnung mit seiner neuen Weltwirtschaft errichtet. Nun ja, was an dieser Verschwörungstheorie wahr ist, werden wir in den nächsten Jahren erleben.

Es ist zu befürchten, dass so Einiges der aktuellen politischen Restriktionen in Sachen Corona nicht nur vorübergehend ist, sondern dauerhaft bleiben wird. Es wurde eine erste Welle und dann eine zweite Welle postuliert. Wurde die zweite Welle jedoch künstlich durch die Politik geschaffen? Und wenn, warum? Es wird auch wieder mehr Erkältungen geben und alle schreien: „Es ist Corona!" Letztendlich ist es, wie jedes Jahr die Influenza. Im Winter die klassische Grippe und im Sommer eben die Sommergrippe. Aber, aufgrund der „angeblichen" Corona-Welle, bleiben die restriktiven Maßnahmen dauerhaft erhalten - bis eine Impfung kommt. Dies ist unbedingt aus der Perspektive einer freien Gesellschaft zu betrachten. Ein Virus ist schädlich. Nicht unbedingt harmlos aber auch nicht massiv tödlich gefährlich! Aber die Auflösung von Rechten ist für eine Demokratie tödlich. Diese Auflösung ist dauerhaft und die ehemaligen Rechte erhält die Bevölkerung nie zurück. Wenn Menschen Rechte verlieren, für die sie in einer Revolution gekämpft haben, für die es Bewegungen und Demonstrationen gab und es sogar über hundert Jahre an Mühen gekostet hat, um diese freiheitlichen Rechte endlich zu erlangen und sie bekommen sie nie wieder, dann ist dies mehr als inakzeptabel. Es kann nicht sein, dass diese Rechte in einem Moment der Panik umgerannt bzw. aufgelöst werden. Wenn Notfallmaßnahmen, wie in der Corona-Krise, verabschiedet werden, dann haften diese wie Kaugummi an der Fußsohle. So schnell werden wir sie nicht mehr los. Der Notstand mit den verordneten Einschränkungen wird natürlich ausgewertet und als „positiv" von Seiten der Behörden gesehen, denn diese Behörden haben sich an ihre neue Macht gewöhnt und wollen diese auch beibehalten. Sie mögen diese neue, besser zu kontrollierende Situation in der Gesellschaft. Ist der ursprüngliche Notstand vergangen, so finden sie neue Verwendungszwecke für diese neue Macht und verabschieden ein neues Gesetz, welches den Ausnahmezustand zu einem alltäglichen Regelwerk macht. Dies erlebten bereits viele Menschen in anderen Ländern und es ist bei Weitem kein lokales, sondern ein globales Problem! Diese Machtverschiebung wird zu „einer Kultur der Sicherheit um jeden Preis". Es wird daran gedacht, dass ein Risiko auf das denkbar niedrigste Niveau reduziert werden muss! Dies steht im Widerspruch zu dem Konzept einer freien und offenen Gesellschaft.

Wenn wir anfangen, Rechte zu opfern, um Dinge zu verbessern, machen wir sie nicht besser, sondern verschlimmern sie. Deutschland ist gerade auf diesem Weg dorthin.

In diesem Zusammenhang ist auch interessant, dass in der Hannoverschen Allgemeine, am 21.08.2020, ein Artikel mit der Überschrift „Corona-Krise ist eine Chance" erschienen ist. In diesem Artikel heißt es, dass die Europäische Union aus Sicht von Bundestagspräsident Wolfgang Schäuble das Einstimmigkeitsprinzip in Fragen der Sicherheitspolitik aufgeben müsse, um handlungsfähiger zu werden. Laut Aussage von Herrn Schäuble soll Europa als Ganzes mehr Verantwortung, auch in der Sicherheits- und Verteidigungspolitik übernehmen. Laut diesem Artikel sieht er die Corona-Krise als eine große Chance für Europa. Der Widerstand gegen Veränderung sei in der Krise geringer, so Herr Schäuble. Man könne die Wirtschafts- und Finanzunion, die politisch bisher nicht zustande gebracht wurde, jetzt hinbekommen. (Quelle: Hannoversche Allgemeine, Ausgabe 21.08.20, Deutschland).

Hat er mit dieser Aussage nichts anderes aufgezeigt, als dass die Corona-Angst benötigt wurde, um die europäische Schuldenunion weiter voranzutreiben? Werden so nicht die Mitgliedsstaaten der EU in eine Schuldenabhängigkeit getrieben? Eines muss klar sein: damals wurden in griechischen Zeitschriften, während der Wirtschaftskrise Griechenlands, Karikaturen von der Bundeskanzlerin in brauner Uniform abgebildet. Hier wagte sich beispielsweise die Tageszeitung „Demokratie" sehr weit vor. Letztendlich sollte darauf hingewiesen werden, dass die Bundesregierung, unter der Federführung von Angela Merkel, in Sachen der Geldpolitik Griechenlands, nicht denkt sie hätte das Sagen und könnte eine föderalistische Haltung gegenüber Griechenland annehmen.

Schließlich ist Griechenland kein Bundesstaat der Europäischen Union, geschweige denn der Bundesrepublik Deutschland, sondern ein souveräner Nationalstaat! Arbeitet etwa die EU daran, mit Hilfe ihrer Corona-Geldpolitik, die souveränen Staaten tiefer in die Abhängigkeit zu treiben, um sie ihrrer Souveränität zu berauben?

Auch ist interessant, dass das bayerische Haushaltsgesetz in der Fassung vom 19. März 2020 inhaltlich aufweist, dass das Staatsministerium für Finanzen und für Heimat ermächtigt wird, zur Deckung von Ausgaben für Kapitel 1319 (Sonderfonds Corona-Epidemie) ... Kredite am Kreditmarkt bis zur Höhe von 20 Milliarden Euro aufzunehmen. War somit bereits im März 2020 dem bayerischen Ministerpräsidenten Dr. Markus Söder bewusst, welche wirtschaftlichen Ausmaße der Lockdown und die Restriktionen wegen des Virus in Bayern in 2020 haben würden? Hier gäbe es Interpretationsspielraum unter dem Motto: „Vorausschauende Planung". Wäre der Lockdown früher aufgehoben worden, wären diese Maßnahmen überhaupt nicht notwendig geworden. So verschuldete sich 2020 Bayern extrem. Aber Bayern ist nur ein Beispiel. Jedes Bundesland war gezwungen hier Gelder aufzunehmen. Die Zeche zahlt dafür der Steuerzahler in den nächsten 10 Jahren mit dem Covid-Soli - der kommt vielleicht früher als man glaubt.

Aber es geht nicht nur um die einschneidenden Rechte in Deutschland bzw. in der Europäischen Union, sondern um den eingeschlagenen Kurs der deutschen Regierung während der Corona-Krise. Diese Krise dient nicht nur als Deckmantel, um den Menschen ihre gesellschaftliche Freiheit einzuschränken, sondern die deutsche Gesellschaft in eine sozialistische Marktwirtschaft zu drängen. Diese Umstrukturierung geschieht mit deutschen Steu-

ergeldern. Auch sind es deutsche Steuergelder, die die
Europäische Union am Leben hält und dies auf Kosten
der Lebensqualität der Deutschen.

Geschürt wird das Ganze durch eine Informationspolitik
der Bundesregierung mit verzerrten Darstellungen von
statistischen Grenzwerten und Datenerhebungen in Sachen Covid-19. Diese Informationspolitik erlaubt keine
nüchterne Einschätzung der Situation, sondern ist ein
Einschüchterungs- und Manipulationsinstrument um die
Bevölkerung zu verängstigen, damit die politischen Interessen problemlos durchgesetzt werden können. Dabei
wird die Opposition durch dieses erfundene Schreckgespenst ausgebremst und überrollt, sofern sie sich nicht
durch innere Streitigkeiten bereits selbst zerfleddert. Wir
Menschen in Deutschland müssen uns auf unsere ge-
wonnen Freiheit, das Grundgesetz und die soziale
Marktwirtschaft achten. Niemand, auch die amtierende
Regierung, hat uns weder Rechte noch Wohlstand zu
nehmen oder uns in eine neue Finanz- und Schuldenkri-
se zu werfen.

Hierzu gibt es eine interessante öffentliche Rede von
Prof. Meuthen im EU-Parlament, anlässlich des EU-
Rettungspaketes.

Viele Menschen, so Prof. Meuthen, erwarten und ver-
sprechen sich von der deutschen Ratspräsidentschaft
politische Klugheit und Weitsicht, doch was abgeliefert
würde, habe mit Klugheit und Weitsicht nichts zu tun,
sehr viel aber mit Ignoranz, Infamie und Ideologie.

Die Ideale Europas würden auf kultureller Identität, auf-
geklärter Vernunft und Freiheit des Individuums fußen.
Doch dies würde mit Füßen getreten. Die kulturelle
Identität Europas, ihre christlich-jüdischen Wurzeln,

ihre Schönheit und Vielfalt, werde durch ein Kultur und Kontur loses Multikulti ersetzt.

Wohin dies führe habe man bereits bei den schweren Ausschreitungen in Dijon und in Stuttgart erlebt.

Weiter sagte er, dass die aus der Aufklärung gewachsene Vernunft eine Politik auf Basis der Erkenntnisse der Wissenschaften und der Achtung des Rechts verlange.

Er prangerte in seiner Rede die chaotische und kopflose Währungs- und Finanzpolitik der EU an. Mit 500 Milliarden des Green-Deals und 750 Milliarden für den Recovery-Fund würde Frau Merkel final die Basis vernünftiger Entscheidungen verlassen. Am schwersten wiege jedoch die immer weitere Beschränkung der Freiheit der Menschen. Frau Merkel verschenke locker 500 Milliarden Euro und Frau von der Leyen würde sogar noch sagenhafte 250 Milliarden oben drauf legen. Dies alles sei im Kern von sozialistischer Energie getrieben und der Steuerzahler müsse später die Zeche dafür zahlen.

In seiner Rede teilte Prof. Meuthen weiter mit, dass das Durchschnittsvermögen der Deutschen sehr viel niedriger sei als das der Franzosen, Spanier und Italiener und das Deutschland ein deutlich höheres Renteneintrittsalter aufweist als alle Mittelmeerländer.

Deutlich sagte er, dass mit dem nun eingeschlagenen politischen Kurs die europäische Idee verraten wird und sich sträflich an der Zukunft kommender Generationen vergangen werde. (Quelle: https://www.youtube.com/watch? v=32nXjkwzzXE; Deutschland; Zugriff 10.01.2020)

Wer mehr Interesse an Information hierzu hat kann sich auch gerne die zwei Folgebeiträge auf YouTube anschauen:

https://www.youtube.com/watch?v=-FNThb9JO-w
https://www.youtube.com/watch?v=ZhnfYSes9-s

Abschließend muss zu dem „wirtschaftlichen Horrorfilm der EU" noch eines erwähnt werden: durch die Corona-Meldungen des RKI und der Bundesregierung reagieren der Aktien- und Forex-Markt mit wirtschaftlichen Schwankungen. Auch hier kann durch bewusste Informationsweitergabe indirekt, durch die Politik, ein Eingriff in das Handelssystem stattfinden!

Die Folgen sieht man beispielsweise bei Aussagen der Nordea Bank, August 2020, im Forex-Markt:

Diese hielt vorerst an dem EUR/USD-Short (EUR-Währung fällt) fest. Die relative Korona-Entwicklung wirke sich jetzt zugunsten des USD aus, da Länder wie Spanien und die Niederlande einen deutlichen Anstieg erfahren hätten. Es wäre auch offensichtlich, dass die grenzüberschreitende Aktivität in den nächsten 4-6 Wochen in Europa sehr begrenzt sein würde, da Deutschland, Großbritannien und die nordischen Länder damit beginnen, Freizeitreisen nach Südeuropa wieder zu verbieten.

Die Nordea Bank findet eine vollständige nationale Abschottung während dieser zweiten Welle politisch nicht schmackhaft, weshalb Abschwächungsstrategien wie Masken, begrenzte intra-/internationale Reisetätigkeit und Massentests die Waffen der Wahl sein würden.

Somit tätigen Investmentbanken ihre Geschäfte an der Börse nicht mehr unter dem wirtschaftlichen Aspekt der jeweiligen Aktiengesellschaften oder der Währungen, sondern unter dem Aspekt der Corona-Entwicklung.

Dies wäre genauso, als wurde man Aktien bei schönem Wetter verkaufen und bei Regen kaufen. Aber was bitte hat das Wetter mit der Performance von Unternehmen zu tun, wenn das Unternehmen nicht direkt Regen- und Sonnenschirme herstellt? Genau, eben nichts! Und dies gilt auch für Corona. Denn Verbrauchs- und Konsumgüter, Technologien, etc. werden mit oder ohne Virus benötigt.

Aber wo soll die wirtschaftliche und gesellschaftliche Fahrt denn zukünftig hinführen?

Im November 2020 war in einer der größten internationalen Zeitschriften, unter dem Titel „The Great Reset", Interessantes in dieser Sache zu lesen.

Es ist also nicht die Zeit der „großen Pandemie", sondern die Zeit eines „großen Neubeginns", eines „großen Umbruches".

Wie soll aber dieser Neubeginn aussehen? Nun, es soll angeblich ein großer, globaler Neubeginn werden, der von einer selbsternannten Elite geformt wird. Nach der Corona-Pandemie, angeblich sei das Ende erst in 2023 absehbar, soll ein anschließender Neustart in wirtschaftlichen, politischen und gesellschaftlichen Bereichen erfolgen. Es soll eine integrativere, belastbarere und nachhaltigere Welt geschaffen werden, denn durch Covid-19 wäre das soziale, wirtschaftliche und politische System in die Knie gezwungen worden. Hier ist oft die Rede von einem „Global Reset", dem globalen Neubeginn. Klingt auf den ersten Blick positiv und nicht spinnert; aber nicht um den Preis, den jeder von uns im Bereich von „Freiheit" „Sozialleben" und „Wohlstand" dafür zu zahlen hätte. Bedauerlich ist nur, dass dies auf dem Rücken jedes Einzelnen von uns ausgetragen werden soll. Oder anders formuliert: wir sollen für die Implementierung einer neuen nicht menschenfreundlichen Weltordnung die Zeche zahlen. Schließlich sind wir alle beseelte Individuen mit einem (noch) freien Willen ... und es muss und darf nicht alles eintreffen, was über unseren Köpfen hinweg geplant wird.

Letztendlich wird es die bisher tragende Mittelschicht in unserer Gesellschaft zukünftig nicht mehr geben. Es wird nur noch die „Arbeiterklasse" vorhanden sein und die reiche Elite, die alles bestimmt.

Bücher, die diesen „großen Umbruch" beschreiben, gibt es bereits, unter dem Motto „Weltordnung" und „Global Reset" zu kaufen. Hoffen wir also, dass dieser "große Umbruch", dieser „Große Reset" nie eintreten wird und dieser geschriebene geistige Ausfluss ausschließlich in den Büchern verbleibt.

Was aber bereits Ende November 2020 wirtschaftlich festzustellen war: seitdem verschiedene Pharmakonzerne ihren Impfstoff vorgestellt haben und dieser sehr zeitnah (voraussichtl. im 1. Quartal 2021) der Bevölkerung zur Verfügung gestellt werden soll, profitierte der Aktienmarkt von steigenden Kursen. Die wirtschaftliche Entwicklung scheint somit davon abzuhängen, wie schnell möglichst viele Menschen geimpft werden, damit es wieder zu einer Normalisierung des öffentlichen Lebens kommt.

Natürlich wird es in 2021 auch zu Diskussionen kommen, wie der Corona-Schuldenberg von über 500 Mrd. Euro zurückgezahlt werden soll. Es sind in 2021 auch Bundestagswahlen in Deutschland, so dass eine Entscheidung über Steuererhöhungen oder dem Covid-Soli wahrscheinlich erst Ende 2021 im Parlament erörtert werden. Niemand hat Lust, nach den restriktiven Maßnahmen, auch noch Wählerstimmen wegen solcher Themen zu verlieren. Dass der hohe Schuldenberg abgebaut werden muss sollte klar sein. Wird hier bereits über eine Mehrwertsteuererhöhung auf 20% nachgedacht?

Bevor wir aber zum nächsten Kapitel übergehen: in 2015 gab es die Flüchtlingswelle oder besser gesagt: die Flüchtlingskrise. Letztendlich wurde daraus auch eine Flüchtlingsindustrie, so dass jeder Asylbewerber den Steuerzahler pro Monat 3.500 EUR kostet. Dies gilt auch heute noch! So werden jährlich viele Milliarden Euro in die Sozialverbände, Pharmakonzerne und Wohnungsbaugesellschaften gepumpt. Dies kann alles sehr ausführlich in dem Buch „Die Asyl-Industrie", Autor Udo Ulfkotte, nachgelesen werden.

Seitdem es Corona und den ersten Lockdown gab hat sich auch eine Corona-Industrie entwickelt. Unter dem Deckmantel der Maskenknappheit und dem erhöhten Bedarf an Desinfektionsmitteln werden hier, von den Bundesländern, Geschäfte in Milliardenhöhe vergeben. Und nicht jeder, der Masken herstellt, bekommt einen Auftrag. Es sollte doch eher so sein, dass Aufträge gleichmäßig verteilt werden. Dem ist nicht so! Hier werden bestimmte Unternehmen bevorzugt. Und dies hat definitiv nichts mit preisgünstigem Einkauf, sondern eher etwas mit Beziehungsmanagement und „Nasenfaktor" zu tun. Es zeichnen sich ähnliche Skandale, wie damals in der Flüchtlingskrise ab. Durch den Lockdown sind die Aktien bestimmter Unternehmen geradezu in die Höhe geschossen. Und dies waren nicht nur die Lieferservice- und Elektronik-Unternehmen. Auf der einen Seite gab es die Großkonzerne mit satten Gewinnen, auf der anderen Seite gab es jedoch kleine und mittelständische Unternehmen mit Verlusten, die nicht von der Corona-Krise profitieren konnten. Diese meldeten Kurzarbeit an oder mussten sich von ihren Mitarbeitern trennen. Die Corona-Hilfe für mittelständische Unternehmen, Selbständige oder Freiberufler war ein Witz. Hier konnten Darlehen bis zu 80% des nachgewiesenen Jahreseinkommens aus 2019 als Darlehen beantragt werden. So manche mittelständische Unternehmen erhielten eine einmalige Finanzstütze in Höhe von 30.000 Euro. Ein Tropfen auf dem heißen Stein, wenn man bedenkt, dass dies noch nicht einmal die Betriebskosten in 2020 deckte.

Da die Menschen zu Hause auf ihren Urlaub verzichten mussten gaben sie ihr Geld für Wohnungsrenovierung aus. Die Möbelindustrie boomte in 2020 durch Küchenverkäufe und -einbau. Wer eine Markenspülmaschine haben wollte, der musste bis zu 4 Monate warten. Wer eine Küche einbauen lassen wollte musste 2 Monate auf einen Termin warten. Nicht, weil durch den Lockdown Lieferschwierigkeiten vorhanden waren, sondern weil man mit der Produktion nicht mehr hinterher kam.

Wo aber ist die Billion von Euros der EU hingewandert? Wurden diese Gelder nicht den EU-Staaten zur Bekämpfung der Pandemie zur Verfügung gestellt um das Gesundheits- und Sozialwesen zu stützen? Oder wurde diese Billion verteilt, damit sich, unter dem Deckmantel von Corona, die EU-Staaten mit dem Geld vorläufig sanieren und so in dem Staatenbund verbleiben können? Der Gedanke ist doch nicht schlecht, oder? So werden Staatenbund und folglich der Euro stabilisiert und die Einzelstaaten der EU abhängig von Brüssel.

Der Euro ist nicht so stark, wie man uns glauben machen will. Da der US-Dollar immer noch als Referenz der Weltwirtschaftswährung genommen wird, ist der Euro nur so stark, weil der US-Dollar durch die Krise in den USA schwächelt. Anfang Dezember 2020 bekam man für 1 US-Dollar 1,20 EUR. Betrachtet man aber die Wirtschaftszahlen und die gesamte „Werthaltigkeit" in der Eurozone, so hat der Euro gegenüber dem US-Dollar noch nicht einmal einen gefühlten Wert von 98 Cent. Dies ist der Europäischen Zentralbank sicherlich bewusst. Und wer muss in 2021 für die EU-Geldpolitik aus Brüssel den Kopf hinhalten? Genau, der deutsche Steuerzahler! Aber wir sind es ja gewohnt für andere zu büßen und zu zahlen.

An dieser Stelle sei auch das Buch „Fremdbestimmt: 120 Jahre Lügen und Täuschung" von Thorsten Schulte, erwähnt. Er deckt Unwahrheiten und das Weglassen wichtiger Fakten auf.

3. Akte Covid-19/2: Die Weltbevölkerung

Durch die Covid-19-Pandemie und die weltweit fragwürdige RT-PCR-Testung, welche für die Covid-19-Testung nie zugelassen wurde, führten die Ausgangssperren und Kontakteinschränkungen gerade in den ärmeren Ländern zu extremen Lebensmittel- und Medikamenten-Engpässen. Die Vereinten Nationen warnten bereits frühzeitig, dass hunderttausende Kinder wegen der Wirtschaftskrise in diesen ärmeren Ländern verhungern oder tödlich erkranken könnten. Fast 369 Millionen Kinder in 143 Ländern hatten keinen Zugang zu Schulessen. Auch wahren Millionen von Minderjährigen von der Armut bedroht. Gerade dort, wo viel Kinderarbeit geleistet wurde und diese Minderjährigen durch ihre Arbeit den Familienunterhalt sicherten, brachen diese Einnahmen durch die Isolation weg. In den Drittländern gibt es keine Arbeitsausfallversicherung die bei Arbeitslosigkeit zahlt oder eine „gut bürgerliche" Krankenversicherung.

Hinzu kam noch die weltweit hohe Suizidrate durch die Isolation, sowie die erhöhte Sterberate in den Pflegeheimen. Letztere kam nicht wegen der Überalterung der Bewohner zustande, sondern durch die Selbstaufgabe der Menschen, aufgrund von Einsamkeit und Depression, wegen der Isolation. Angehörige durften niemanden Besuchen und später dann nur durch eine Scheibe sehen. Alternativ gab es in vielen Pflegeheimen und Rehabilitationskliniken „Face Time". Per Videotelefonie konnten die Menschen miteinander in Kontakt treten. Aber welche älteren Menschen haben ein Laptop oder ein I-Pad?

Im April 2020 wurde von der WHO eine Studie präsentiert, die zeigt, dass kaum Belege für die Wirksamkeit von Eindämmungsmaßnahmen vorhanden sind.

Und in Bezug der Eindämmungsmaßnahmen können hier zahlreiche Beispiele von Regierungen (auch in Deutschland!) aufgeführt werden, die sowohl den Verlauf der Epidemie-Kurve als auch die Art und Weise bestimmen, wie Kosten und Nutzen von Kontrollmaßnahmen in der Gesellschaft verteilt werden. Mittlerweile wird, dank des Covid-19-Virus, ein Urteil zugunsten von Autoritarismus und Diktatur abgegeben, was bei den schlechten Leistungen der liberalen Demokratien wirklich nicht länger überrascht.

Betrachtet man die Gesundheitsversorgung in den Krankenhäusern weltweit, so wurden wichtige Operationen abgesagt um Betten auf den Stationen für die Corona-

Krise freizuhalten. Die angebliche zweite Welle kam bis August 2020 nicht.

Die Menschen wurden durch den „Corona-Hype" dermaßen verschreckt, dass sie sich nicht in die Krankenhäuser trauten, aus Angst sich dort evtl. an Covid-19 anzustecken, da dort ja ach so viele Covid-19-Kranke liegen müssten.

Dies hatte auch wiederum zur Folge, dass Menschen mit Herzinfarkt oder Schlaganfall nicht in die Kliniken gingen, sondern zu Hause verstarben oder mit irreparablen Schäden erst Tage später doch noch in die Krankenhäuser kamen.

Tumorpatienten, die dringend operiert werden mussten, wurden bis zu drei Monate später für die Operation einbestellt und hatten bereits Metastasen gebildet, so dass eine Operation ihr Leben auch nicht mehr retten konnte.

Auch Transplantationszentren weltweit fuhren wegen der Corona-Krise ihre Operationen zurück, sodass Patienten, aufgrund der nicht erfolgten Organtransplantation, verstarben.

Hinzu kommt noch die geschürte Angst, die sich negativ auf das Immunsystem auswirkt (bereits im Oktober 2017 veröffentlichter Artikel des Deutschen Aerzteblatt). Diese Angst sorgte weltweit für andere Infekte in einer Größenordnung von Millionen Menschen von denen anschließend tausende wiederum an dem Infekt starben.

Letztendlich hat nicht dieses SARS-CoV-2-Virus weltweit vielen Millionen Menschen den Tod gebracht, denn diese Menschen waren nie infiziert oder daran erkrankt, sondern die damit einhergegangenen restriktiven Maßnahmen durch die lokalen Regierungen.

Dabei ist es egal, ob das Virus ein aggressives Grippevirus ist oder das „spezielle" Corona-Virus. Dieses Szenario, egal von wem initiiert (Deep State, Cabale, schwarze Eliten) hat zu dem größten, weltweiten Sterben in so kurzer Zeit geführt, den die Menschheit jemals erfahren hat.

Dass bestimmte Gruppen der Weltelite schon immer eine Regulierung der Weltbevölkerung im Sinn hatten und dies auch durch Berichte, Statements in den Medien nachrecherchiert werden kann, ist nicht von der Hand zu weisen. Die Schönredner in unserer heutigen Zeit sind der Auffassung, dass dies absurde Unterstellungen seien, die natürlich nur von „Verschwörungstheoretikern" stammen können, die den Argumentationsteppich von der anderen Seite aufrollen und deshalb unglaubwürdig seien. Wer glaubt, dass die „Cabale" Beweise an die Öffentlichkeit lässt oder stümperhaft arbeitet, so dass man auch nur Ansatzweise beweisbares für ihre Werke erheischt, der glaubt auch, dass ein Hamsterrad eine Karriereleiter ist.

4. Akte Covid-19/3 Der Überwachungsstaat

Covid-19 verändert durch die täglichen Herausforderungen nicht nur unsere Alltagsgestaltung, sondern sorgt durch massive Einschränkungen in den Grundrechten und durch gesetzliche Auflagen für ein eingeschränktes Leben, wie wir es nie haben wollten. Wehrt man sich im Sinne des Grundgesetzes dagegen bekommt man ein Ordnungswidrigkeitsverfahren mit sehr hohen Geldstrafen vor die Nase gesetzt. Hierfür bekommt in vielen Städten und Gemeinden sogar das Ordnungsamt Hilfe durch externe Sicherheitsunternehmen, die sich teilweise gegenüber der Bevölkerung mehr als „unangenehm" verhalten. Alles unter dem „gläubigen" Mantel einer fragwürdigen akuten Covid-19-Gefahr. Angeblich seien die Infektionszahlen seit Oktober 2020 wieder extrem angestiegen. Es mutet bei den täglichen Horrormeldungen von Massivinfektionen in Europa doch eher seltsam an, dass kaum Patienten mit einer Covid-19-Infektion in Krankenhäusern aufgenommen wurden oder mit schweren Lungenproblemen auf Intensivstationen liegen, wie im Frühjahr 2020. Wenn die Covid-19-Zahlen wirklich so expansiv ansteigen, wieso trifft man weder in seinem Bekanntenkreis noch in der Nachbarschaft auf verschnupfte oder erkältete oder fiebernde Menschen? Weil diese in Quarantäne sind? Wohl kaum! Wenn sie in Quarantäne wären, dann hätten sie Freunde, Verwandte, Bekannte angerufen, ob diese nicht für sie Medikamente holen könnten oder für sie einkaufen könnten. Schließlich dürfen sie die Wohnung nicht verlassen. Weit gefehlt. Von daher ist schwer davon auszugehen, dass hier absichtlich, unter dem Deckmantel einer Pandemie, eine sozialistische Politik vorangetrieben wird und mit den Corona-Maßnahmen das deutsche Volk ablenkt werden soll. Beschäftige das Volk mit angeblich bedrohlichen Szenarien und diese achten vor Sorge und Meistern des eigenen Lebens nicht mehr auf das Links und Rechts.

Fakt ist, dass die bisherige Gesamtsterblichkeitsrate in Deutschland in 2020 niedriger als in 2019 war. Das Covid-19 hat, international betrachtet, eine Sterblichkeitsrate von 0,1 bis 0,5%. Diese Prozentzahlen sind mit der jährlich saisonalen Grippe vergleichbar.

In 2020 wurde das G5-Netzwerk etabliert und massiv weiter aufgebaut. Neben dem schnelleren Datentransfer können auch größere Datenpakete versendet werden.

Dem Verbraucher wird eine Besserung des Streamings von Online-TV-Anbietern versprochen. Breites Band, schnelle Geschwindigkeit! Was aber verschwiegen wird ist, dass durch das G5-Netzwerk die Staatsüberwachung perfekt funktioniert und vieles mit dem D-Netz nicht möglich war. Mittlerweile gibt es nicht nur Kameras in den Städten und auf den Autobahnen zur Verkehrsüberwachung. Neben Nummernschildern-Scan gibt es auch die Gesichtserkennungssoftware. Und egal wo wir uns befinden, wir können somit gescannt werden. So entsteht ein durch den Computer automatisiertes Profil von uns, welches jederzeit durch die Staatssicherheit abgerufen werden kann. Auch das Tragen des Mundschutzes kann überwacht werden. Und durch die Retina-Analyse von hochauflösenden Kameras kann die Identität einer Person selbst mit Mundschutz und Kopftuch festgestellt werden. Selbst bei Tragen einer Sonnenbrille kann durch Softwarebearbeitung der Brillenhintergrund hergestellt werden. Dies ist intelligente Videotechnologie. Es können Personen gezählt werden. Räume können auf Überfüllung gescannt werden, Maskenpflicht kann überprüft werden und Temperaturauffälligkeiten können festgestellt werden. Somit kann jede Art von öffentlichen oder privaten Einrichtungen bei Lockdowns und danach lückenlos überwacht werden.

Auch kann das „Social Distancing" (Einhalten von Mindestabständen) überwacht werden. Werden die Mindestabstände nicht eingehalten, so kann dies durch optische und akustische Warnhinweise aufgezeigt werden. Wer beispielsweise keinen Mundschutz trägt, dem öffnet sich erst gar nicht die Tür, da die Gesichtserkennung diese Person für das Betreten des Raumes nicht frei gibt.

Die Thermal-Technologie ermöglicht die Messung der Wärmestrahlung. So lassen sich mit Hilfe des Schwarzstrahlers („Black Body Radiator") Anomalien erkennen und melden. Identifizierte Personen können so weiteren Untersuchungen zugeführt werden und ein mögliches Infektionsrisiko wird so eliminiert.

Durch Umprogrammieren und Umrüstung können die Videosicherheitssysteme dauerhaft für alle möglichen Scans eingesetzt werden. Nutzen im Sinne der Sicherheit für Menschen und der Missbrauch im Sinne der Staatsüberwachung wohnen hier Tür an Tür. Kommt noch das bargeldlose Zahlen hinzu, so ist die staatliche Überwachung perfekt.

Die Staatssicherheit weiß wo Sie wann waren, was sie sich zum Essen gemacht haben, hört sie über ihr Smartphone ab und kann sowohl ihr elektronisch gesteuertes Auto nicht zum Starten bringen als auch ihre EC-Karte unbrauchbar machen. Per Gesichtserkennungshinweis öffnen sich zukünftig für sie keine Türen von öffentlichen Gebäuden. Und wenn in einigen Jahren die vollautomatisierten Taxis einer markanten Firma durch ihre Stadt fahren, werden sie diese nicht nutzen dürfen, weil sich für Sie die Autotür erst gar nicht öffnet. Oder Sie werden woanders hingefahren, wo man sie direkt in Empfang nimmt und wegsperrt. Science Fiction? Verschwörungstheorie? Wohl kaum. Die Politik ist eindeutig: weg von den Verbrennungsmotoren, hin zu Elektrofahrzeugen. Diese werden über ein Computersystem gesteuert. Automatisches Fahren ist angesagt. Dies schafft man nicht mit Verbrennungsmotoren. Automatisierte Fahrzeuge fahren zukünftig, wie der Putzroboter, bei Notwendigkeit an die Ladestation.

Und wer glaubt, dass die beschriebene Sicherheitssoftware Utopie sei, der kann sich gerne von dem Gegenteil überzeugen. Die Soft- und Hardwareprodukte können weitaus mehr als das, was hier beschrieben wurde.

Willkommen in einem perfekten Überwachungsstaat bei dem der Datenschutz perfekt ausgehebelt werden kann ohne, dass es juristische Konsequenzen hat.

Die Pandemie mit Covid-19 ist ein perfekter Probelauf für die zukünftige Überwachung der Menschen in Europa. Hoffentlich steuern wir nicht auf einen totalitären Europa-Staat, gelenkt aus Brüssel, mit maximaler Überwachung und Kontrolle zu. Aber die Hoffnung stirbt ja bekanntlich zuletzt.

5. Akte Covid-19/4 Das Welt-Impfprogramm

Die US-Regierung hat in 2019/2020 ihre Zahlungen an die Weltgesundheitsorganisation (WHO), aufgrund diverser „Unstimmigkeiten" mit der WHO, stark reduziert.

Interessant ist auch, dass der Chef der WHO Gesundheitsminister in Äthiopien war und zu oft in Zusammenhang einer dreimaligen Vertuschung der Cholera-Epidemie gebracht wird. Alles in allem bekommt die Arbeit der WHO, schaut man näher hinter deren Aktivitätsvorhang, einen faden Beigeschmack, denn die weltweite Vernetzung von Wirtschaftsmagnaten, Pharmalobbyisten, diversen Stiftungsträgern mit der Weltgesundheitsorganisation sind vorhanden. Es wird, bei ausgiebiger Recherche über die Arbeit der WHO, der Eindruck erweckt, als würde die WHO sich zwar für weltweite Gesundheit der Menschen einsetzen, fungiere aber dabei als Ausführungsgehilfe der Wirtschaftsindustrie und des „Geldadels".

Fakt ist, dass reiche Privatspender, vor allem seitdem die US-Regierung ihre Beitragsspende bei der WHO gekürzt hat, die Politik der WHO mit ihrem Geld in bestimmte Richtungen treibt.

Fragt man sich dabei wer der zweitgrößte Geldgeber der Weltgesundheitsorganisation nach der US-Regierung ist, so kann man den Namen „Bill Gates" nicht übersehen.

Da im Internet immer wieder Verschwörungstheorien zu der Bill und Melinda Gates-Stiftung im Zusammenhang mit der Arbeit der WHO kursieren, beleuchten wir diese Stiftung und nutzen dabei verschiedene seriöse Quellen, wie beispielsweise einen Kurzbericht des ZDF, welcher auch über den YouTube-Kanal abgerufen werden kann (https://www.youtube.com/watch?v=pIHqYglJluQ&feature=y outu.be&fbclid=IwAR2467ITtEAUBrjyLtGAVxChSC4yKfnrMp -LmHC4GGYWxLn4dsrquAX8NQ4, Deutschland, 10.11.20).

Die Bill und Melinda Gates Stiftung (im Weiteren kurz „Bill Gates-Stiftung" genannt), welche über ein Gesamtvermögen von ca. 47 Milliarden US-Dollar verfügt ist stark in die Arbeit der WHO involviert. Seit 2000 hat die Bill Gates-Stiftung über 2,5 Milliarden US-Dollar an die WHO gespendet. Davon wurden 1,6 Milliarden für die Ausrottung von Kinderlähmung (Polio Myelitis) bereitgestellt. Insgesamt werden von der Bill Gates-Stiftung jährlich 4 Milliarden US-Dollar für die Bekämpfung von Aids, Tuberkulose, Polio und Malaria ausgegeben - und seit geraumer Zeit auch für das Corona-Virus. Dieses Geld fließt in die medizinische Forschung und in sogenannte Impfpartnerschaften mit Pharmakonzernen. Gemanaged wird dies alles aus den Profiten von dem dazugehörigen Trust (Vermögensverwaltung) der Bill-Gates-Stiftung, welcher von externen Investment-Managern geleitet wird.

Eigentlich doch eine perfekte Vorzeige-Stiftung, oder?

Natürlich ist auf den ersten Blick alles sehr sozial und die Spenden von Privatiers scheinen eine gute Sache zu sein.

Gibt es aber einen „Return on Invest", wenn diese Gelder für die Entwicklung, Produktion und dem Einsatz von, beispielsweise, Impfstoffen eingesetzt werden? Die Antwort lautet „Ja", denn eine Vermögensverwaltung arbeitet mit dem ihr zur Verfügung gestellten Geld, um Gewinne zu generieren. Diese Gewinne fließen dann wieder in die Wohltätigkeitsarbeit. Der bittere Beigeschmack kommt aber mit der Wahl der Investitionen.

Nehmen wir (fiktive) Beispiele, um hier eine Doppelmoral zu verdeutlichen:

Ich investiere wirtschaftlich in Aktien der Rüstungsindustrie, während ich einen Teil der Aktiengewinne für die Versorgung von Kriegsverletzten spende. Ich könnte auch Gelder für die Erforschung des Corona-Virus zur Verfügung stellen und wenn dieses Virus dann „ausbricht" spende ich Gelder zur Erforschung eines Impfstoffes. Kommt dann ein erfolgreicher Impfstoff auf den Markt, so steigen die Aktien des jeweiligen Pharmakonzerns. Spendet ich für bestimmte Entwicklungen, so werde ich kontinuierlich auf dem Laufenden gehalten. Dies führt natürlich auch dazu, dass ich zu einem entsprechenden Zeitpunkt die Pharma-Aktien kaufe, bevor der Pharmakonzern mit dem Ergebnis an die Öffentlichkeit geht. Natürlich wäre dies Insider-Handel an der Börse. Aber es gibt viele Wege, um wirtschaftlich saubere Geschäfte mit Aktien zu machen ohne, dass die Börsenaufsicht intervenieren kann. So könnte eine Tochtergesellschaft eines Fremdunternehmens diese Aktien kaufen und später verkaufen. Die Gewinne der Tochtergesellschaft gehen an den Mutterkonzern, welcher wiederum eine Geschäftsbeziehung mit der Stiftung unterhält und den eingenommenen Gewinn an diese Stiftung durchreicht. Es gibt sehr viele, steuerfreie und verschachtelte Möglichkeiten auf ganz legalem Weg Gewinne von A nach B zu transferieren. Und wer letztendlich wo das Sagen hat kann man nicht herausfinden, weil sogenannte

„Schattengeschäftsführer" eingestellt werden können, um die eigentlichen Drahtzieher zu schützen. Außerdem gibt es genügend Off-Shore Domizile, wie beispielsweise die British Virgin Islands oder die Bahamas, mit unzähligen eingetragenen Unternehmen, die hier genutzt werden könnten.

Die Europäische Union hat in dieser Sache 47 Länder auf die „graue Liste" gesetzt, welche unter scharfer Beobachtung stehen, um Steuerhinterziehung zu unterbinden. Interessant dabei ist jedoch, dass die eigenen Steueroasen dabei nicht in den Focus geraten.

Warren Buffett, dessen Privatvermögen wird derzeit auf 60 Milliarden US-Dollar geschätzt, ist der drittreichste Mensch der Welt und gehört mit zu den großen Investoren der Bill und Melinda Gates-Stiftung und sitzt im Aufsichtsrat der Stiftung. Folglich bestimmt er mit wo und in welcher Höhe Geld verteilt wird. Logisch, könnte man jetzt denken, da er eben einer der größten Investoren ist. Aber ist die Bill Gates-Stiftung, und vor allem Bill Gates, ein heiliger Gralsbringer mit betont philanthropischem Anstrich, Milliarden US-Dollar zum Wohl der Menschheit spendend? Man kann hier mit ruhigem Gewissen ein „Nein" geben, denn über den Trust der Bill Gates-Stiftung laufen knallharte Geschäfte ab, wie auch die Studie der britischen NGO „Global Justice Now" offen legt (Studie: Gated Development. „Is the Gates Foundation always a force for good?", UK, London; https://www.globaljustice.org.uk). In dieser Studie zeigt Mark Curtis (Leiter der Studie) die Verflechtung der Stiftung mit internationalen Großkonzernen auf und kritisiert deren Geschäftsbeziehungen. Hier werden, so Mark Curtis, multinationale Konzern-Interessen unterstützt, welche jedoch zu Lasten der sozialen und ökonomischen Gerechtigkeit gehen. Die Strategie der Stiftung sieht vor, die Rolle multinationaler Firmen im Bereich der Landwirtschaft und der globalen Gesundheit zu stärken. Jedoch sind es genau diese Unternehmen die für Ausbeutung und Ungerechtigkeit in Drittländern verantwortlich sind. Und wenn es um die Unterstützung der landwirtschaftlichen Entwicklung geht, so ist die Gates-Stiftung weltweit größter Investor bei der Erforschung genmanipulierter Nutzpflanzen.

Auch übt die Studie starke Kritik am Geldfluss von Bill Gates' Microsoft und der Bill Gates-Stiftung: Microsoft schleuse laut einem Bericht des US-Senats jährlich fast 4,5 Milliarden US-Dollar am Finanzamt vorbei, indem die Gelder in karibischen Steueroasen verschwinden. Die Summe der vorbeigeschleusten Steuergelder übersteige damit deutlich die jährlichen Einnahmen der Stiftung.

Aber wo fließen diese Einnahmen hin? Hier legt die Bill Gates-Stiftung angeblich große Summen in Aktien an, darunter finden sich Aktien von BP, Coca-Cola, Exxon Mobil, McDonald's, Procter & Gamble, Wal Mart und weiteren Großkonzernen. Allein die Anteile an Coca-Cola würden sich auf über eine halbe Milliarde US-Dollar belaufen. Die Bill Gates-Stiftung ermöglichte es angeblich Coca-Cola, 50.000 kenianische Kleinbäuerinnen und -bauern mit Verträgen zu verpflichten, damit sie für Coca-Cola Passionsfrüchte anbauen, die in den Export gehen. Wurden die Verträge für die Bäuerinnen und Bauern fair ausgehandelt oder handelt es sich hier um Dumping-Lohn-Knebelverträge? (Quelle: Global Justice Now; https://www.globaljustice.org.uk; 15.10.20, UK, London).

Auch der „Facing Finance e.V." beschäftigt sich mit dem Finanzmanagement der Bill Gates-Stiftung. Hier wird kritisiert, dass die Investitionen und eigenen moralischen Ansprüche im Widerspruch zueinander stünden. So habe der Trust Beteiligungen an dem britischen Waffenhersteller BAE System, welcher als Waffenzulieferer für den Jemen-Krieg agiere. Auch wären klimaschädliche

Investitionen in die Öl- und Kfz-Industrie, sowie in der Bergbau-Industrie (Vale S.A.; Sitz in Rio de Janeiro) vorhanden. Vale wurde des Öfteren Menschenrechtsverletzungen und Umweltverschmutzung vorgeworfen. So hat die deutsche Organisation für Entwicklungszusammenarbeit Misereor Vale bereits vor Jahren gravierende Umweltzerstörungen beim Eisenerzabbau im Amazonasgebiet vorgeworfen (Misereor-Dossier 5-2013; Seite 13; Die Folgen des Bergbaus in Brasilien).

Aber kommen wir zurück zu dem Impfthema. Letztendlich ist die Entwicklung von Impfstoffen nur die Vorstufe des Profits. Ist der Impfstoff erst einmal auf dem Markt, und man findet dann auch noch Möglichkeiten von „freiwilligen" Zwangsimpfungen, wie beispielsweise der Masernimpfung in Deutschland, dann hat man die bestmögliche Ausschöpfung an Profit erreicht.

Die Bill Gates-Stiftung hat mit ihren hohen Spenden nicht nur großen Einfluss auf die Politik der Weltgesundheitsorganisation, sondern, durch ein gut funktionierendes Netzwerk, auch auf verschiedene Staatsoberhäupter in der Welt.

Momentan zahlt keine Regierung so viel Geld an die WHO wie die Stiftung von Bill Gates. Interessant ist, dass die Bill Gates-Stiftung der WHO angeblich empfehle ihre Aufträge an Pharmakonzerne wie Merck, GlaxoSmithKline, Novartis und Pfizer zu vergeben. Hält die Bill Gates- Stiftung mit ihrem Trust nicht Aktien von eben diesen Pharmakonzernen?

An dieser Stelle sei erwähnt, dass im November 2020 Pfizer, gemeinsam mit dem Mainzer Unternehmen BioNTech, einen Corona-Impfstoff entwickelt haben (mRNA-Impfstoff BNT162b2).

Dabei ist auch interessant, dass der US-Pharmakonzern Pfizer kurz davor stehe (Stand November 2020) eine Notfallzulassung in den USA zu beantragen. Durch solch eine Notfallzulassung könnte der Impfstoff eingesetzt werden, obwohl hier längere Studien zur Sicherheit und Wirkung noch fehlen. Folglich wird die entscheidende Phase III bei den Studien extrem verkürzt.

Verständlich, denn das Ziel eines jeden Pharmakonzerns ist es, einen exklusiven Marktzugang zu erhalten, um so seine Forschungsgelder mit viel Gewinn wieder hereinzuholen. Niemand arbeitet umsonst oder verschenkt sein Knowhow.

Viele Pharmakonzerne versuchen aber auch in Asien und Afrika einen starken Marktzugang zu erhalten und marktbasierte Lösungen zu entwickelt. Dabei liegt der Wunsch zugrunde gleichzeitig das öffentliche Gesundheitssystem lahmzulegen. Zwar steigt die Impfrate auf diesen Kontinenten, jedoch steigen gleichzeitig auch die Gewinne der beteiligten Konzerne: Eine vollständige Impfung eines Kindes kostete 2015 bis zu 68 mal mehr als noch im Jahr 2005 und dies bei denselben Medikamenten.

Lungenentzündungen sind noch immer die häufigste Todesursache für Kinder unter fünf Jahren in den Drittländern. GlaxoSmithKline und Pfizer, die einzigen Hersteller von Impfpräparaten, haben zwischen 2009 und 2015 über 19 Milliarden US-Dollar allein mit ihren Impfungen verdient. (Quelle: Global Justice Now; https://www.globaljustice.org.uk; 15.10.20, UK, London).

"Ärzte ohne Grenzen" forderte deshalb, dass die Kosten pro Impfung von 60 auf 5 US-Dollar gesenkt werden müssen, worauf die Bill Gates-Stiftung warnte, dass dadurch Pharma-Konzerne abgeschreckt würden, weiter auf verschiedenen Kontinenten tätig zu sein.

Auch stellte Indien die Förderung durch die Bill Gates-Stiftung ein. Hier wurde der Stiftung ein Interessenskonflikt auf Grund der Impfallianz Gavi mit großen Pharmakonzernen vorgeworfen (Quelle: Global Justice Now, s.o.).

Hinzu kommen noch Videos von Bill Gates Auftritten zu Tage, in denen er über eine Bevölkerungsreduktion spricht. Hier drängt sich der Verdacht auf, dass er dies unter anderem mit Impfstoffen und der WHO im Schlepptau gerne erreichen möchte. So antwortete er bei einem Auftritt bei Markus Lanz im ZDF, dass ein Impfstoff durchaus zu einer Bevölkerungsreduzierung führen würde. Da die Kindersterblichkeitsrate in Drittländern sehr hoch sei hätten Eltern eben viele Kinder, zumal diese Kinder später ihre alten Eltern versorgen würden. Reduziert man nun durch Impfungen die Kindersterblichkeitsrate, so würden die Eltern weniger Kinder zeugen. Schließlich käme die hohe Zeugungsrate nur zustande, um eine sichere Altersvorsorge zu gewährleisten. Dies mag logisch klingen. Doch warum muss bei einem Impfstoff für die Dritte Welt als Wirkstoffverstärker eine Quecksilberverbindung wie Thiomersal mit in den Körper eingeführt werden? Natürlich ist Thiomersal in einer Impfdosis „minimalst" vertreten und bei einer einmaligen Impfung nicht gesundheitsschädlich. Nach einer Auswertung mehrerer pharmakokinetischer und epidemiologischer Studien wurde im Jahr 2012, durch den beratenden Ausschuss für Impfsicherheit der WHO, bestätigt, dass die in Impfungen verwendete Thiomersaldosis selbst bei Frühgeborenen und Babys mit niedrigem Geburtsgewicht, keine toxischen Werte erreiche, womit neurodegenerative Schäden durch Thiomersal nicht plausibel seien. Die Frage ist hierbei nur: ab welcher Konzentrationsstärke spricht man von einem toxischen Wert? Hier können doch die Grenzen beliebig verändert werden. Wer führt denn Langzeitstudien von Impf-Konservierungsstoffen über mindestens 10 Jahren bei Personen durch, die mehrfach im Jahr geimpft werden? Quecksilberbestandteile verbleiben im Organismus. Wer sich jährlich "standardisiert" impfen lässt, zusätzlich häufig verreist und zum Eigenschutz auch hier zusätzliche Impfungen vornehmen lässt, der hat in wenigen Jahren einen entsprechenden Quecksilberanteil im Organismus. Und dieser ist nicht gesundheitsförderlich.

Sind Impfungen von Säuglingen und Kindern wirklich effektiv, wo das kindliche Immunsystem frühestens mit Ende des zweiten Lebensjahres fertig ausgebildet ist und erst dann auf eine Impfung in vollem Umfang mit der gewünschten Antikörperbildung reagieren kann (Quelle; Standardwerk: Seger, Wahn, Holländer: Pädiatrische Allergologie und Immunologie, 4. Aufl. 2005, S. 230+231)? Säuglinge bilden zwar Antikörper, aber haben einen Großteil einer Grundimmunisierung durch die Mutter erhalten (Nestschutz). Wäre es da nicht sinniger erst ab dem 2. Lebensjahr zu impfen?

Betrachtet man die teilweise katastrophalen Impfergebnisse in Afrika, bekommt die Impfidee einen sehr faden Beigeschmack. Dort starben sehr viele geschwächte Kinder wenige Tage nach der Impfung. Natürlich waren hier „besondere Umstände" der Verursacher. Hätte man hier früher impfen müssen? Wurde das Immunsystem durch den Impfstoff zusätzlich belastet und brach dadurch vollends zusammen?

Grundsätzlich gilt die Sicherheit von Impfungen als Fragwürdig. Es gibt kaum Sicherheitsstudien zu den Zusatzstoffen, wie Thiomersal, Formaldehyd oder Aluminiumhydroxid. Thiomersal vergiftet den Körper mit seiner Quecksilberbindung, Formaldehyd ist als Krebserreger bekannt und Aluminiumhydroxid steht im Verdacht Alzheimer und Brustkrebs auszulösen.

Zu Formaldehyd ist in der Fachliteratur zu lesen, dass bei Expositionen, die am Einwirkungsort zu Gewebsschäden führen, ein kanzerogenes Potential beim Menschen aber angenommen bzw. nicht ausgeschlossen wird. (Quelle: C - 140 / NEGCD 2003, S. 49; C - 4 / DFG / 2000, S. 32-33)

Es finden sich in den wenigen pharmakologischen Studien zur Wirkstoffunverträglichkeit entweder nur „Wischi-Waschi"-Aussagen von „hätte, könnte, angenommen oder nicht ausgeschlossen" oder Aussagen, wie: „nicht plausibel, konnte bisher nicht festgestellt werden".

Dass Konservierungsstoffe in der verwendeten Konzentration ungefährlich seien, wird zwar behauptet, wird aber nicht sicher belegt. Zwar werden bei der Zulassung von Impfstoffen Studien gefordert, in denen Nebenwirkungen und Komplikationen erfasst werden. Doch diese gewährleisten nicht, dass auch alle negativen Folgen von Impfungen erfasst werden.

Fakt ist, dass bei jeder Impfung ein Fragment eines fremden genetischen Codes in den Speicherraum des Immunsystems eingeführt wird und dieses Fragment ein Leben lang in diesem Menschen erhalten bleibt. Somit ist bei zunehmender Anzahl von Impfungen auch eine zunehmende Zahl von Fragmenten vorhanden. Bei einer größeren Anzahl von Fragmenten dauert es länger, bis das Immunsystem ein neues Virus in einem Körper identifiziert. Man kann das Immunsystem auch mit der Performance eines Computers vergleichen. Je mehr Daten der Computer speichert (Zwischenspeicher), umso langsamer wird er. In so einem Fall bereinigt man den Zwischenspeicher des Computers, fragmentiert die Festplatte und löscht überflüssige Einträge aus der „Registry" - und schon läuft das System wieder mit optimaler Performance. Bei dem Immunsystem wird nichts gelöscht. Der Speicher des Immunsystems nimmt immer weiter zu und verlangsamt dadurch das rasche Eingreifen des Immunsystems.

Oder anders erklärt: habe ich in meiner Bibliothek nur 5 Bücher, dann finde ich natürlich bestimmte Referenzkapitel schneller. Habe ich aber 1.000 Bücher in meiner Bibliothek, dann benötige ich, selbst bei guter Katalogisierung, länger um mein Referenzkapitel zu finden.

Hinzu kommt noch, dass, bei erhöhter Anzahl von gespeicherten Virussequenzen, auch Fehler bei der Virusidentifikation entstehen. Somit versucht das Immunsystem mit bestehenden Referenzen gegen das eindringende Virus vorzugehen und produziert erst nach Erfolglosigkeit die spezifisch notwendigen Antikörper. Somit können nach einer Impfung Virusinfektionen stärker auftreten und länger anhalten.

Außerdem speichert das Immunsystem bei jeder Erkrankung die DNA-Sequenz des „Eindringlings". Gehen wir davon aus, dass jeder Mensch einmal im Jahr eine virale Infektion durchmachen würde, so wären mit 80 Jahren in seinem Immunspeicher 80 Datensätze vorhanden. Es ist aber bekannt, dass mit zunehmendem Alter (ab ca. 70. Lebensjahr) der Immunspeicher nicht mehr so gut expansionsfähig ist. Daher rührt auch die hohe Infektionsgefahr bei Menschen ab 70 - auch in Bezug auf Grippe und Covid-19 - und eine damit verbundene höhere Mortalitätsrate.

Gemäß der Ständigen Impfkommission (STIKO) des Robert Koch-Instituts werden bis zu dem 18. Lebensjahr 13 Impfungen empfohlen. Davon sollen die meisten Impfungen zur Grundimmunisierung bereits im Babyalter stattfinden.

Die Anzahl der für Kinder in den USA empfohlenen Impfungen liegt bei ca. 70. Davon fallen 25 Impfdosen auf das erste Lebensjahr. Nirgends wird den Babys so eine hohe Dosis der bekannt problematischen Aluminium-

Verbindungen verabreicht wie in den USA oder vergleichsweise Kanada.

Diese „Impfkonzentration" liegt an den restriktiven Impfgesetzen gegenüber den US-Bürgern. Es herrscht faktisch in den USA Impfzwang. Ohne, beispielsweise eine Windpocken-Impfung, darf ein Kind weder in den Kindergarten noch die Schule besuchen.

Nimmt man hier noch die jährlichen Grippeimpfungen hinzu, so hat ein amerikanischer Jugendlicher mit 15 Jahren bereits einen Immunspeichersatz vergleichbar mit einem 80-Jährigen. Bewundernswert ist dabei, dass das Immunsystem bei dieser Belastung bis dato noch nicht zusammengebrochen ist.

Schaut man sich die internationalen Impfprogarmme genauer an, so muss wirklich hinterfragt werden, ob auf der Welt nicht zu viel geimpft wird. Ist das Motto „Viel hilft viel!" wirklich förderlich? In vielen Bereichen kann sich das Immunsystem selber entwickeln - ohne Impfungen. Auch hier erscheint der bittere Eindruck, dass weltweit eine Pharma-Lobby ihr Unwesen treibt, um Milliarden US-Dollar an Gewinnen zu erzielen auf Kosten von Menschen, die zu klein sind, um sich zu wehren.

Immer wieder erscheinen Argumente mit hinterlegten Zahlen, dass Impfungen im Säuglingsalter die Sterblichkeitsrate verringern würden.

Beispiel:
In Deutschland würde Anfang der 80er Jahre im ersten Lebensjahr 9-mal geimpft. Die Sterblichkeitsrate der Säuglinge lag damals bei 10.000 pro Jahr (Quelle zum selber nachrecherchieren: GEPRIS; https://gepris.dfg.de/ gepris/OCTOPUS).

Ende 2000 wurden im ersten Lebensjahr zwischen 21 und 33 Impfungen durchgeführt. Die Säuglingssterblichkeit betrug weniger als 2.000 Säuglinge.

Die Befürworter für Impfungen behaupten, dass die erhöhten Impfungen zu einer reduzierten Sterblichkeitsrate von Säuglingen geführt hätten. Diese These ist mehr als unwissenschaftlich, denn in den 80er Jahren wurden viel mehr Kinder geboren als dies in 2000 der Fall war. Darüber hinaus werden bei so einem Vergleich multifaktorielle Ereignisse nicht mit einbezogen und somit Äpfel mit Birnen verglichen.

Die Frage, die hier im Raum steht lautet: werden wir in unserer Gesellschaft in Bezug auf Impfungen manipuliert bzw. durch sozialen und politisch lobbyistischem Druck genötigt uns impfen zu lassen? Meine Meinung, nach ausgiebiger Recherche, in Bezug auf das Corona-Virus: „Ja, so ist es!"

Wer zukünftig nicht gegen das Corona-Virus geimpft wurde kann mit Einschränkungen rechnen. Fluggesellschaften könnten in ihren Allgemeinen Geschäftsbedingungen festlegen, dass nur geimpfte Personen befördert werden. Gleiches könnte beispielsweise bei Bahngesellschaften oder Restaurantbesuchen passieren.

Ein besonderes Beispiel für eine Impfmanipulation betrifft die Schweinegrippe.

In 2007 wurden angeblich 50 Millionen Impfdosen gegen die Schweinegrippe vom Bundesgesundheitsministerium und den Bundesländern bei einem Pharmakonzern per Vertrag bestellt. Über diesen Vertrag sollte absolutes Stillschweigen bewahrt werden. Warum Stillschweigen? Weil die Schweinegrippe erst 2009 auftrat. Ist es nicht erstaunlich, welche Weitsicht die deutschen Volksvertreter in Bezug auf die Gesundheit ihrer Bürger haben und wie sie bestimmte Grippearten offenbar vorhersehen können?

Hinzu kam noch die Haftungsfreistellung für den Impfstoffhersteller. Somit ein Freifahrtschein für den Impfstoff, auch wenn dieser mehr schadet als hilft.

Die Haftungsfreistellung für den Hersteller lautete: „Aufgrund des Fehlens ausreichender klinischer Daten zur Verträglichkeit des Impfstoffes wird XY für den Fall, dass eintretende Schäden den tatsächlichen Nutzen übersteigen sollten, von jeglicher Haftung freigestellt."

(Quelle: https://www.metropolnews.info/mp457208/ gefaehr-licher-angriff-auf-die-menschheit-der-millardaer-die-impfindustrie-die-politik-und-die-who; Zugriff: Deutschland, 20.11.2020).

Gilt solch eine Haftungsfreistellung eventuell auch für die zukünftigen Corona-Impfungen? Letztendlich läuft momentan ein Wettrennen der Pharmaindustrie. Denn wer den ersten Impfstoff auf den Markt bringt macht viele Milliarden Euro an Gewinn.

Und was in dem Kapitel „Covid 19/3 Der Überwachungs-staat" nicht aufgeführt wurde: die angestrebten Impfzer-tifikate und die Bestrebungen Tracking-Apps oder ein-gespielte Überwachungsupdates bei Vireninfektionen direkt in das Betriebssystem von Android und IOS einzu-spielen, sind die erste Stufe zum totalen Überwachungs-staat. Ist somit eine globale Pandemie die ideale Voraus-setzung um solche Träume durchzusetzen?

Und Deutschland? Nun, mit der Masernimpfung bei Kindern beugen sich unsere Politiker willfährig einem impfbesessenen Allrounder und der WHO, indem man eine Impfpflicht vorschreibt. Eltern werden entmündigt und Kinder im Kindergartenalter durch die Wirk-stoffverstärker nachhaltig belastet. Und die Masernimp-fung war nur der Probelauf zu der Covid-19-Impfung, die uns in einigen Monaten erwarten wird.

Somit beschert Covid-19 auf der Welt nicht nur eine poli-tische Veränderung im Sinne der Elite, sondern sorgt auch für eine Massenimpfung. Denn durch die immer grotesker werdenden Einschränkungen der Grundrechte der Menschen und einem weiteren Lockdown, werden diese Menschen von den Regierungen zermürbt und schikaniert, so dass sie sich freiwillig impfen lassen. Sei es um endlich wieder reisen zu können ohne an jedem Flughafen einen Corona-Test über sich ergehen zu lassen oder eben keiner willkürlichen Quarantäneverhängung mehr ausgesetzt zu werden. Manche würde sich mittlerweile sogar impfen lassen, damit sie diesen lästigen Mundschutz nicht mehr tragen müssten.

Und die, die immer noch nicht geimpft werden wollen, werden in ihren Lebensbereichen durch die im anderen Kapitel beschriebenen technischen Maßnahmen überwacht und in ihrem Lebensbereich zukünftig eingeschränkt. Wir erinnern uns: Keine Masernimpfung? Kein Job im Gesundheitswesen, kein Kindergartenbesuch möglich, soziale Isolation (mein Kind spielt nicht mit deinem Kind). In der Erwachsenenwelt wäre die Isolation am Arbeitsplatz eine weitere Option - oder Home Office bis zur Rente. Zukünftig darf dann auch die Geburtstagsfeier nur noch mit maximal 4 Personen durchgeführt werden und öffentliche Räume können keine mehr gebucht werden. So setzt man Menschen unter Druck.

Neben diesem Druck werden den Menschen aber auch Ängste eingeflößt. Nicht umsonst schreien sich mittlerweile die Menschen ängstlich gegenseitig an, wenn die absurden 1,50m Sicherheitsabstand nicht eingehalten werden. Ein Schwachsinn ohne Gleichen. Wäre das Virus da, so wären Übertragungen bis 7m immer noch vorhanden. Dieser Abstand soll die Menschen psychisch nur in eine soziale Isolation bringen. Im Alltag unterhalten wir uns mit unseren Nachbarn, reden an der Wursttheke miteinander oder sprechen beim Bäcker über Privates. Dies soll bewusst unterlassen werden. Deshalb der Mindestabstand. Mit Virenschutz hat dies nichts zu tun! Und der Mundschutz ist symbolisch der Maulkorb für das Volk! Diese perfide Angst-Strategie geht also perfekt auf!

Flöße den Menschen Angst ein, dann setzen alle normalen Instinkte aus.

Es gibt sehr viele fachkompetente Virologen, Mikrobiologen, die diesen Corona-Wahnsinn bereits als das entlarvt haben was er ist: eine weitere Variante eines sehr aggressiven Grippevirus bzw. ein „Lungenkrankmacher" ähnlich dem Grippevirus!

Aber diesen fachkompetenten Wissenschaftlern und Ärzten glaubt man kein Wort mehr. Selbst aus den eigenen ärztlichen Reihen werden diese kritisiert. Interessant nur, dass dies von Kolleginnen und Kollegen geschieht, die keine Experten auf dem Fachgebiet der Virologie sind. Und die Bevölkerung? Im normalen Leben geht diese zu den Fachärzten und lässt sich von diesen Helfen, glaubt ihrem Arzt. Medikamente werden verschrieben und Alles ist gut. Aber wenn in den Medien diese Fachärzte angegriffen werden und Sprecher des Robert-Koch-Institutes gebetsmühlenartig den „Infektionsgau" heraufbeschwören, dann sind die Menschen einer starken Angst ausgesetzt und es wird nur noch den Medien und dem Robert-Koch-Institut geglaubt. Keiner kommt auf die Idee die Medieninformationen und die Aussagen des Robert-Koch-Instituts zu hinterfragen. Zur Information das deutsche Robert Koch-Institut (RKI) ist eine selbständige Bundesoberbehörde im Sinne des Art. 87 Abs. 3 Satz 1 des Grundgesetzes. Es ist nicht „nur" eine zentrale Forschungs- und Diagnostikeinrichtung in Sachen Mikrobiologie der Bundesrepublik Deutschland. Das Robert Koch-Institut (RKI) ist als Behörde bzw. als Bundesinstitut im Geschäftsbereich des Bundesministeriums für Gesundheit zuzuordnen und muss Weisungen des Bundesgesundheitsministeriums ausführen. Das Bundesgesundheitsministerium wiederum muss, vereinfacht dargestellt, Weisungen der Bundeskanzlerin bzw. des Bundeskanzleramtes ausführen.

Und wenn dieser Corona-Impfstoff kommt, dann wurde er nicht auf seine Effektivität geprüft. Ansonsten müsste man tausende von Menschen nehmen, den einen den Impfstoff geben und den anderen eben keinen - oder Letzteren nur ein Placebo geben - und dann schauen, welche Gruppe die Infektion überlebt. Dies wäre aber mehr als unethisch und verwerflich.

Betrachtet man die Zahlen des Robert-Koch-Instituts in diesem Jahr, so ist festzustellen, dass von den in Deutschland bis Juli 2020 gemeldeten 230.000 Fällen nur 196.000 Menschen im Alter von 0 bis 70 Jahren wirklich infiziert waren. Von diesen 196.000 Menschen verstarben 1.400 Menschen mit dem Virus (nicht an dem Virus!). Dies sind lediglich 0,7%. Fazit: mindestens 99,3% der unter 70-jährigen haben die Infektion überstanden.

Folglich müsste theoretisch ein Impfstoff für die über 70-jährigen Menschen zur Verfügung gestellt werden. Und so ein Impfstoff muss nicht nur Sicherheit für die Geimpften gewährleisten, sondern eine sehr gute und nachhaltige Wirkung zeigen. Die Entwicklung solch eines Impfstoffes benötigt aber mindestens 3 bis 5 Jahre.

Dienen die in 2021 auf den Markt gebrachten Impfstoffe wirklich dem Schutz der Menschen oder sorgen sie nur für Gewinne bei der Pharmaindustrie?

Fakt ist: der Einsatz von Medizin darf nicht schlimmer als die Krankheit werden.

Außerdem sorgt eine Impfung lediglich für die Bildung von Antikörpern **im** menschlichen Organismus. Das Corona-Virus kann als Erreger, und dann nur in hoher Dosis über die Luft eine Infektion verursachen. Sämtliche Impfstoffe bekämpfen aber die Erreger nur, wenn sie sich über die Blutbahn ausbreiten/verbreiten. Hinzu kommt noch, dass im Blut mehr Antikörper als auf der Schleimhautoberfläche bzw. den „Grenzepithelien" der

Atemwege vorhanden sind. Folglich findet die Bekämpfung des Virus im Blutsystem statt. Das Corona-Virus breitet sich jedoch zuerst auf diesen „Grenzepithelien" aus und sorgt von dort aus für weitere Entzündungen des Lungengewebes. Laut einem Vortrag von Prof. Dr. Sucharit Bhakdi, am 13.10.2020, wird nie ein Impfstoff gegen das Corona-Virus wegen dieser gerade erwähnten Tatsachen zu 100% erfolgreich sein. Denn selbst, wenn der Impfstoff Antikörper produziert, so werden diese nie in ausreichender Anzahl im Schleimhautbereich sein, um eine absolute virale Immunität zu gewährleisten.

Es gibt seit Jahren viele Kritiker der Impfungen. Aber wieso werden diese Impfgegner immer in die Kategorie der „Verschwörungstheoretiker" gepackt? Nun, es ist wie der Kampf zwischen David und Goliath. Dieses biblische Gleichnis steht für den Sieg einer kleinen Minderheit gegen den großen Unterdrücker. In unserer Demokratie gilt das Mehrheitsprinzip. Somit werden Ideen und Einstellungen von Minderheiten nicht berücksichtigt, es sei denn es spiegelt die Interessen der Mehrheit wieder. Dann wird es in das Programm der Mehrheit aufgenommen und die Mehrheit rühmt sich „ihrer" neuen Idee. Sie würde nie zugeben, dass die Entscheidung durch den Willen einer Minderheit zustande gekommen ist.

Und genauso verhält es sich in allen Bereichen unseres Lebens. Wissenschaftler an Universitätskliniken und Universitäten erhalten Gelder (sogenannte Drittmittel) für die Forschung. Auch hier gilt: traue keiner Studie, die du nicht selbst erstellt hast. Wenn dann Wissenschaftler ihre, im Sinne des Auftraggebers, zusammengebastelten Ergebnisse präsentieren wird dem Ergebnis vertraut bzw. geglaubt. Die Skeptiker sind dann wieder die Verschwörungstheoretiker. Das Problem in unserer Gesellschaft ist immer noch, dass die breite Masse dieses „Obrigkeitsdenken" besitzt. Anstatt selber umfangreich zu recherchieren wird eben alles abgenickt und die Organisationen, die kritisch hinterfragen, als Spinner und Öko-soziale abgestempelt. Pharmakonzerne besitzen durch ihr Geld Macht und erreichen durch ihren lobbyistischen Einsatz ihre Ziele. Und dies gilt nicht nur für Impfungen. Wie bereits erwähnt: von 10 Tabletten sind 4 Tabletten nur da, um die Nebenwirkungen der anderen 6 Tabletten auszuschalten. Überlegt man sich, dass es Menschen gibt die morgens 15 Tabletten und abends 8 Tabletten nehmen müssen, dann muss man unweigerlich hinterfragen, ob diese „Chemie" wirklich der Lebenserhaltung oder dem finanziellen Zugewinn der Pharmaindustrie dient.

Da Pharmaunternehmen grundsätzlich Profit machen wollen, verkaufen sie ihre Produkte auch an den Meist-bietenden. Es geht hier nicht darum die Menschheit von der Pandemie zu befreien, sondern Reibach zu machen.

Die überwiegende Mehrheit des Covid-19-Impfstoffs eines Pharmaunternehmens wurde bereits von den reichsten Regierungen der Welt geordert. 780 Millionen Dosen wurden von diesem bereits an reiche Regierungen verkauft, 78% der 1 Milliarde Dosen, die nach eigenen Angaben dieses Unternehmens bis Ende nächsten Jahres produziert werden können.

Zu den großen Käufen zählen dabei die USA mit 100 Millionen Dosen. Dabei gibt es die Option zum Kauf weiterer 500 Millionen - ein Betrag, von dem angenommen wird, dass er dem Unternehmen 8 Milliarden US-Dollar einbringt. (Quelle: https://www.biopharma-reporter.com/Article/2020/08/13/Moderna-lands-US-COVID-19-vaccine-contract-worth-up-to-8bn, Zugriff: Deutschland, 20.11.2020)

Die EU verfügt über 80 Millionen Dosen und eine Option zum Nachkauf von weiteren 80 Millionen. Die Länder, die diese Versorgung mit dem Impfstoff sichergestellt haben, machen jedoch nur 12% der Weltbevölkerung aus, warnen Aktivisten von „Global Justice Now".

Die Aktivisten weisen auch darauf hin, dass ein Impfstoff, der mit öffentlichen Geldern in Höhe von fast 2,5 Milliarden US-Dollar hergestellt wurde, auch für alle zugänglich sein sollte und kein Monopol darstellen dürfe. So sollten auch die Regierungen auf dieser Welt von der Pharmaindustrie verlangen, dass alle Covid-19-Impfstofflizenzverträge veröffentlicht werden. (Quelle: https://msfaccess.org/msf-governments-must-demand-pharma-make-all-covid-19-vaccine-licensing-deals-public; Zugriff: Deutschland; 20.11.20)

Außerdem könnte der Covid-19-Technologiezugangspool der Weltgesundheitsorganisation die faire Weitergabe dieses Impfstoffs an alle Länder erleichtern. In diesem Technologiezugangspool käme es dann zur Verpflichtung Wissen, geistiges Eigentum und Daten im Zusammenhang mit der Covid-19-Gesundheitstechnologie auszutauschen bzw. zu veröffentlichen. Geteiltes Wissen, geistiges Eigentum und Daten werden somit genutzt, um die Wissenschaft, die technologische Entwicklung und den breiten Austausch der Vorteile des wissenschaftlichen Fortschritts und seiner Anwendungen auf der Grundlage des Rechts auf Gesundheit voranzutreiben. Und das Recht auf unversehrte Gesundheit ist eines der Grundrechte im Menschenrecht.

Mittlerweile sind 18 Generika-Pharmaunternehmen dem „Medicines Patent Pool" beigetreten. Natürlich könnte man hier den Generika-Pharmaunternehmen unterstellen, dass sie nur diesem Pool beigetreten sind um das Know-How der anderen Spitzenunternehmen abzugreifen, um schnellstmöglich dann ihre preisgünstigeren Produkte auf den Markt zu bringen, um an dem großen

Finanzkuchen mitzuverdienen. (Quelle: Deutschland, 20.11.20; https://www.who.int/emergencies/diseases/ novel-coronavirus-2019/global-research-on-novel-coronavirus-2019-ncov/covid-19-technology-access-pool, WHO).

Einige Pharmaunternehmen nutzten bedauerlicherweise Neuigkeiten über den Covid-19-Impfstoff, um ihre Unternehmensaktien mit satten Gewinnen zu verkaufen. So verkaufte ein Pharmakonzern ca. 17,6 Millionen Aktien an die Öffentlichkeit und sammelte 1,3 Milliarden US-Dollar. Zwei Führungskräfte dieses Pharmaunternehmens verkauften Aktien im Wert von fast 30 Millionen US-Dollar. Tage später verkaufte ein führender Aktionär 1 Million Aktien und verdiente 69,5 Millionen US-Dollar. Der Aktienwert des Pharmakonzerns sank wieder im weiteren Verlauf. Ein ehemaliger Beamter der US-amerikanischen Börsenaufsichtsbehörde (Securities and Exchange Commission) bezeichnete dies als "äußerst problematisch" und untersuchungswürdig. (Quelle; https://edition.cnn.com/2020/06/01/ business/moderna-vaccine-stock-sales-invs/index.html; Zugriff: Deutschland, 20.11.20; Bericht CNN Business)

Grundsätzlich stiegen in 2020 bei den Covid-19-Impfstoffmeldungen immer die Aktienwerte des jeweils veröffentlichenden Unternehmens und sanken wenige Tage später wieder. Das Verkaufsverhalten konnte auch hier bei einem anderen Pharmakonzern beobachtet werden. Bei solchem Verhalten kommt der bittere Beigeschmack auf, dass hier vorzeitig nur Informationen veröffentlicht wurden, um Aktienkurse aus eigenem Profitgedanken zu beeinflussen.

Natürlich werden die Impfstoffe als einen großen Teil unseres Weges aus der Krise gesehen. Ob sie es wirklich sind ist eine andere Frage. Aber wenn schon Impfstoff, dann ist der von Steuerzahlern finanzierte Impfstoff, über die Weltgesundheitsorganisation, in die Öffentlichkeit zu bringen, damit die ganze Welt davon profitieren kann. Letztendlich hat aber die Pharmaindustrie wieder einmal gezeigt, dass sie, selbst in so einer Krise, überwiegend an ihren Profit denkt.

Letztendlich ist dieses ganze Thema um die Covid-19-Impfung fraglich. Fraglich, ob diese Impfung überhaupt Sinn macht und ob sie wirklich hilft das Covid-19-Virus auszumerzen. Oder ist es zukünftig nur eine weitere Impfung vergleichbar mit der Grippe-Impfung? Die Fakten (Daten) lassen sehr wohl einen Vergleich zwischen Covid-19 und der jährlichen Grippe zu. Wurde hier wieder eine weitere Büchse der Pandora geöffnet und das Impfangebot für den Menschen erweitert - zum Wohl und finanziellen Nutzen der Pharmaindustrie?

Interessant war auch zu dem Thema „Impfung" ein Artikel, am 05.11.2020, auf www.businessinsider.de zu lesen (Autor Lars Petersen; Quelle: https://www.business-insider.de/politik/deutschland/vorbereitungen-fuer-corona-impfungen-laufen-bundeswehr-soll-impfstoff-bundesweit-an-60-geheime-standorte-liefern-a; 05.11.20, Deutschland). Die Überschrift lautete, dass Vorbereitungen für Corona-Impfungen laufen und die Bundeswehr den Impfstoff bundesweit an 60 geheime Standorte ausliefern soll.

Laut diesem Artikel sollte ein Gespräch zwischen Gesundheitsminister Spahn (CDU) und den Kassenärztlichen Vereinigungen der Bundesländer stattfinden. Hier sollte ferner diskutiert werden, wie die Bevölkerung bestens mit einem möglichen Impfstoff versorgt werden könnte. Die Bundeswehr oder die Hersteller sollen zukünftig den Impfstoff dann an 60 Standorte im gesamten Bundesgebiet liefern. Während des Transportes und an den Standorten müsse der Impfstoff bei bis zu minus 80 Grad gelagert werden, damit er seine Haltbarkeit nicht verliere. Offen ist noch, ob die Bundeswehr oder private Sicherheitsfirmen die Standorte bewachen werden.

Die Bundesländer sollen jedoch in die Pflicht genommen werden sogenannte Impfzentren aufzubauen, sodass die Menschen bei Terminservicestellen ihren Impftermin buchen könnten. Hierzu würden bereits geeignete IT-Lösungen entworfen. Zusätzlich soll es neben den Servicestelle auch mobile Impfteams geben, welche Pflegebedürftige zu Hause besuchen und auch in Pflegeheimen Impfungen durchführen würden. Als goldene Regel in dieser Sache soll gelten: der Bund beschafft und bezahlt den Impfstoff, die Länder sorgen für die Lagerung und die Impfdurchführung. Wer in der Bevölkerung zuerst geimpft werden soll sei eindeutig: zuerst die Senioren, dann die Berufsgruppen im Gesundheitswesen. Eine genaue Gruppendefinition werde von der „Ständigen Impfkommission (STIKO)" beim RKI, dem Ethikrat und der „Nationalen Akademie der Wissenschaften (Leopoldina) festgelegt.

Dieser Artikel hatte letztendlich den Ereignissen am 09.11.2020 vorgegriffen. An diesem Tag veröffentlichte Pfizer (Pfizer-BioNTech) die Meldung einen Impfstoff gegen das Corona-Virus zu haben. Die Folge war, dass die Aktien der Unternehmen stiegen und der Deutsche Aktienindex einen Sprung von über 300 Punkten nach oben machte. Gewinner dieser Meldung waren somit die Börsenspekulanten.

Ist der Impfstoff vorhanden, so sollten wir hoffen, dass dieser auch seine Nachhaltigkeit unter Beweis stellt, unserem Immunsystem nicht schadet und das Corona-Virus dadurch ausgemerzt wird. Dies ist bei einem mutierenden, Grippe ähnlichem Virus, aber fragwürdig. Das Worst-Case-Szenario ist eher, dass ab 2021, neben der jährlichen Grippe-Impfung (die nicht immer Erfolg verspricht), dann die jährliche Covid-19-Impfung auch Einzug in unser „Impfleben" hält.

Trotzdem steht immer noch die Frage im Raum: war das Virus natürlich vorkommend oder war es doch aus einem Forschungslabor (absichtlich oder zufällig) „entfleucht"? Solange es keine Whistleblower und Zeitzeugen gibt werden wir dies nie erfahren und es bleibt „nur" eine Verschwörungstheorie.

Schlusswort des Autors

Sicherlich wird das von mir Geschriebene nicht überall Beifall finden. Ich konnte nicht umhin des Öfteren Sarkasmus mit einer Prise Gehässigkeit einzubringen. Was auf der Welt hinter dem großen Vorhang geschieht lässt einen erschaudern. Es mag durchaus eine Form der eigenen Verarbeitung dieser Krise sein. Trotzdem bin ich der Auffassung, dass man bezüglich der Corona-Pandemie die „Kirche im Dorf lassen" sollte. Das, was weltweit momentan unter dem Deckmantel einer Corona-Pandemie losgetreten wurde und fortgesetzt wird, ist gegenüber dem freiheitlichen Grundgedanken der Menschheit nicht akzeptabel. Hinzu kommen noch die Manipulation und die Lenkung von Bevölkerungen durch Priming, Panikmache, Angstbildung und Desinformationen durch die Medien.

Sicherlich ist das Corona-Virus vorhanden. Aber Menschen mit extremen Vorerkrankungen versterben bedauerlicherweise auch an einer Grippeinfektion, weil ihr Immunsystem diese nicht mehr bewältigen kann. Und an diese Menschen wird, während der Grippesaison, selten gedacht. Das Corona-Virus ist sicherlich neu in unser Leben getreten. Wie Virologen bereits mehrfach klargestellt haben, ist das Coronavirus in Wirklichkeit weniger gefährlich als es seit dem Ausbruch in 2019 dargestellt wird. Schließlich zeigen ca. 80% der mit SARS-CoV-2 infizierten Menschen keine oder, wenn überhaupt, dezente Krankheitssymptome.

Die Experten, die das Virus als das entlarvt haben, was es wirklich ist, wurden jedoch der Lächerlichkeit preisgegeben und denunziert. Sie wurden teilweise von ihren Kollegen gemieden, weil sie anderer Meinung waren. Angestellte in staatlichen Institutionen wurde sogar mit Kündigung gedroht, wenn sie „so weitermachen würden". Wo war/ist die durch das Grundgesetz gebliebene Meinungsfreiheit geblieben?

Was aber zum Nachdenken stark anregen sollte ist der Versuch die Grundrechte der Menschen, durch die Änderung des Infektionsschutzgesetzes, auszuhebeln und somit dem Staat noch mehr Macht über willkürliche Maßnahmen zur Einschränkung des täglichen Lebens zu gewähren. Mit dieser Gesetzesänderung wird auch ein neuer Paragraf 28a eingeführt. Er listet auf, welche Schutzmaßnahmen von Seiten der Landesregierungen und zuständigen Behörden zum Eindämmen der Pandemie verordnet werden können. Hierzu zählen Abstandsgebote, Ausgangsverbote und Kontaktbeschränkungen in privaten und öffentlichen Bereichen, Beschränkungen oder Untersagen von Übernachtungsangeboten, sowie Reisen, Kultur-, Sport- und Freizeitveranstaltungen. Auch zählen das Schließen von Geschäften oder das Anordnen einer Maskenpflicht im öffentlichen Raum dazu.

Somit kann jederzeit, unter dem Deckmantel einer Epidemie/ Pandemie oder aber auch nur unter Begründung einer Infektionsgefahr, eine Ausgang- und Kontaktsperre verhängt werden. Sicherlich gilt dies nur für vier Wochen. Aber das Gesetz lässt es auch zu, dass die Maßnahmen begründet verlängert werden können. Nun, Begründungen lassen sich immer finden, wenn man eine Sache unbedingt durchsetzen will. Es gibt hierzu genügend Referenzbeispiele gerade in der Politik unseres Landes.

Diese Änderung ist nicht nur ein einschneidender Akt in den Lebensraum eines jeden Individuums, sondern verletzt auf das Schärfste die Grund- und Menschenrechte eines jeden von uns, aber: „Wen juckt's"?

Dieses Buch wurde im Dezember 2020 das erste Mal veröffentlicht. In dieser Zeit drohte der Bevölkerung wieder, aufgrund der Witterungsverhältnisse, sowohl eine erhöhte Grippeanfälligkeit (Herbst, nasses Wetter) als auch (logischerweise) eine erhöhte Corona-Virus-Infektion. Dies ist nun einmal eine saisonale Entwicklung, wie wir sie, zumindest vom Grippevirus, jedes Jahr kennen. Das Corona-Virus ist nun ein weiteres Virus, welches in unsere Gesellschaft Einzug gehalten hat. Es ist, wie das Grippevirus, vielleicht ein zukünftig jährlicher Begleiter den wir akzeptieren müssen. Und, wie in diesem Buch vermutet, wird auch eine Impfung wenig Aussicht auf Virus-Ausmerzung oder lebenslange Immunität gegen dieses Virus haben. Wäre dies möglich, so wäre bereits die Grippe ausgerottet.

Bedauerlich ist nur, dass Regierung und Bevölkerung nicht dazugelernt haben. Denn mit dem drohenden Infektionsanstieg wurde von Seiten der Regierung erneut ein (überflüssiger) Lockdown verhängt. Dies führte anfangs wieder zu Hamsterkäufen von Toilettenpapier, Ausverkauf von Taschentüchern und in manchen Gegenden sogar wieder zum vermehrten Kauf von Nudeln. Dabei sollte doch eigentlich jeder Depp aus dem letzten Lockdown gelernt haben: die Knappheit dieser Produkte kam nicht durch Aussetzen von Lieferungen der Produkte durch die Hersteller, sondern durch diese hirnlosen Hamsterkäufe!

Daraus lernt man, dass der Mensch ein unbelehrbares Wesen ist, welches seine stereotypen Handlungsweisen nie aufgeben wird.

Auch die Medien machen weiter, wie bisher. Die Infektionszahlen werden postuliert, wie die Kursinformationen an der Börse. Dabei muss klar sein, dass ein positiver PCR-Test noch nicht einmal bedeuten muss, dass man auch wirklich Covid-19 infiziert ist. Er zeigt nur auf, dass bestimmtes genetisches Material vorhanden ist, auf das dieser Test reagiert.

Zu erwähnen wäre noch, dass der in Europa mit Abstand größte private Klinikbetreiber (Helios) sich im November entschlossen hatte täglich die aktuellen Zahlen zur Intensiv-Auslastung seiner 86 deutschen Kliniken in Bezug auf Covid-19-Patienten zu veröffentlichen. Hier lautet das Motto des Klinikkonzerns: „Mehr Sicherheit durch Transparenz!".

Die Zahlen ab dem 01.11.2020, sofern diese als bundesweit repräsentativ angesehen werden können, widerlegen die Notwendigkeit eines zweiten Lock Downs.

Auch bei angeblich steigenden Infektionszahlen ist interessant, dass die Kliniken nicht wieder, wie Anfang des Jahres extrem belastet werden. Daraus ist auch zu schlussfolgern, dass das Virus mittlerweile in eine weniger aggressive Variation mutiert ist. Die Anzahl der Infektionszahlen steigt, aufgrund der dreifach gestiegenen Testungen pro Woche, aber nicht die Zahl der Erkrankungen.

Aber die Bevölkerung muss in Angst und im „Lock Down" gehalten werden, um so massiven Druck auf die Impfbereitschaft aufzubauen. So bedarf es keiner

Zwangsimpfung, weil alle, wie treue Schafe, zukünftig zu den Impfzentren wandern werden. Man benötigt keine Zwangsimpfung, wenn der Druck zur Impfung in der Bevölkerung stark wird. Die Masernschutzimpfung war lediglich der Probelauf zu Größerem.

Wer sich nun fragt, was die Elite von alledem hat und das dies alles nur eine Verschwörungstheorie sei, der soll sich auch Folgendes fragen:

- Was passiert mit meinem Immunsystem durch das Impfpräparat? Gibt es Nebenwirkungen?

- Was wurde durch das Virus wirtschaftlich, gesellschaftlich, politisch zum Nachteil der Menschen verändert und was soll zukünftig noch gravierend verändert werden?

- Wer hat durch den Lockdown im Frühjahr 2020 durch die großen Kursschwankungen an der Börse profitiert?

Ergründen Sie, wenn das Erschaudern Ihnen nichts ausmacht, den Bereich „hinter dem Vorhang". Aber passen Sie auf! Wissen Sie zu viel und können ihr Wissen auch noch unwiderruflich belegen, dann könnten Sie eine Gefahr für die Elite werden.

****

Weiterführende Literatur zum Thema Mikrobiologie, Virologie und Immunologie erhalten Sie von Publikationen folgender Experten:

Prof. Dr. Sucharit Bhakdi   Prof. Dr. Klaus Püschel

Prof. Dr. Martin Haditsch   Prof. Dr. John Ioannidis

Prof. Dr. Stefan Homburg

Abbildungsverzeichnis:
Abbildung 1: Pentagon, Seite 36
Quelle: eigene grafische Darstellung

Abbildung 2: Covid-19, Seite 57
Quelle: eigene grafische Darstellung

Abbildung 3 Zahlenkonstrukt, Seite 72
Quelle: eigene grafische Darstellung

Abbildung 4:Todesfälle Schweden, Seite 112
Informationsquelle: Daten-Quelle:
https://www.folkhalsomyndigheten.se/ smittskydd-
beredskap/utbrott/aktuella-utbrott/covid-
19/bekraftade-fall-i-sverige; Zugriff 20.10.2020

Abbildung 5: Todesfälle Deutschland, Seite 112
Informationsquelle: RKI, Covid-19-Pandemie in
Deutschland; https://www.rki.de/DE/Home/
homepage_ node.html

Abbildung 6: Todesfälle Italien, Seite 113
Informationsquelle: Daten-Quelle: Gesundheitsministe-
rium Italien, Covid-19-Pandemie; Istituto Superiore di
Sanità; Italien, https://www.iss.it/rapporti-covid-19 ,
Zugriff 20.10.2020)

Abbildung 7: EUR/USD, Seite 151
Informationsquelle: FX-Markt, Tradingplattform MQL5

Zeitfracht Medien GmbH
Ferdinand-Jühlke-Straße 7
99095 Erfurt, Deutschland
produktsicherheit@kolibri360.de